François Caudwell

Disciple du Christ, jusqu'au bout

François Caudwell

Disciple du Christ, jusqu'au bout

Peter Riedemann (1506-1556) La première
confession de foi Gmunden (1529-1532)

Éditions Croix du Salut

Impressum / Mentions légales
Bibliografische Information der Deutschen Nationalbibliothek: Die Deutsche Nationalbibliothek verzeichnet diese Publikation in der Deutschen Nationalbibliografie; detaillierte bibliografische Daten sind im Internet über http://dnb.d-nb.de abrufbar.
Alle in diesem Buch genannten Marken und Produktnamen unterliegen warenzeichen-, marken- oder patentrechtlichem Schutz bzw. sind Warenzeichen oder eingetragene Warenzeichen der jeweiligen Inhaber. Die Wiedergabe von Marken, Produktnamen, Gebrauchsnamen, Handelsnamen, Warenbezeichnungen u.s.w. in diesem Werk berechtigt auch ohne besondere Kennzeichnung nicht zu der Annahme, dass solche Namen im Sinne der Warenzeichen- und Markenschutzgesetzgebung als frei zu betrachten wären und daher von jedermann benutzt werden dürften.

Information bibliographique publiée par la Deutsche Nationalbibliothek: La Deutsche Nationalbibliothek inscrit cette publication à la Deutsche Nationalbibliografie; des données bibliographiques détaillées sont disponibles sur internet à l'adresse http://dnb.d-nb.de.
Toutes marques et noms de produits mentionnés dans ce livre demeurent sous la protection des marques, des marques déposées et des brevets, et sont des marques ou des marques déposées de leurs détenteurs respectifs. L'utilisation des marques, noms de produits, noms communs, noms commerciaux, descriptions de produits, etc, même sans qu'ils soient mentionnés de façon particulière dans ce livre ne signifie en aucune façon que ces noms peuvent être utilisés sans restriction à l'égard de la législation pour la protection des marques et des marques déposées et pourraient donc être utilisés par quiconque.

Coverbild / Photo de couverture: www.ingimage.com

Verlag / Editeur:
Éditions Croix du Salut
ist ein Imprint der / est une marque déposée de
AV Akademikerverlag GmbH & Co. KG
Heinrich-Böcking-Str. 6-8, 66121 Saarbrücken, Deutschland / Allemagne
Email: info@editions-croix.com

Herstellung: siehe letzte Seite /
Impression: voir la dernière page
ISBN: 978-3-8416-9865-0

DISCIPLE DU CHRIST, JUSQU'AU BOUT

Peter RIEDEMANN

(1506 – 1556)

La première confession de foi

Gmunden – 1529-1532

Présentation et traduction :

François CAUDWELL

INTRODUCTION

Nous avons publié, il y a quelques années, une présentation et une traduction française de la grande – ou seconde – *Rechenschaft* de Peter Riedemann, sous le titre *Doctrine et Vie des Anabaptistes houttériens*[1]. Cet exposé de sa foi est le plus célèbre, et celui qui a exercé la plus grande influence au sein des communautés houttériennes. Il offre un aperçu de l'état de la réflexion théologique et spirituelle de l'anabaptisme primitif dans les années 1540.

Dans cette publication, nous faisions mention d'un précédent traité de Riedemann, intitulé également *Rechenschaft*[2], qu'il avait rédigé à Gmunden, une dizaine d'années auparavant. Nous restions évasifs sur cet écrit, indiquant simplement que « cet ouvrage préfigure, par sa structure et ses qualités spirituelles, ce que sera » la grande *Rechenschaft*[3].

Nous réservions-nous le plaisir d'en écrire davantage ultérieurement ? Il est certain que nous n'avons pas résisté au désir d'approfondir la découverte de ce traité de jeunesse du brillant Riedemann, et de le faire partager à des lecteurs francophones.

La *Rechenschaft* de *Gmunden* (que nous abrégerons RG) mérite de figurer parmi les trésors spirituels de l'époque de la Réforme. Ce n'est certes pas un chef d'œuvre littéraire. Mais elle reste imprégnée d'un souffle de foi et d'amour[4], capable d'inviter tout chrétien à suivre le Christ jusqu'au bout. Dans la fraîcheur de sa jeunesse – Riedemann a 23 ans quand il est emprisonné à Gmunden –, l'auteur brûle intérieurement du feu de l'Esprit-Saint. Il veut aimer, convaincre, réconforter, édifier, fonder l'espérance...

---

[1] CAUDWELL François, *Doctrine et Vie des Anabaptistes houttériens,* éditions *Excelsis*, Charols, 2007.

[2] Des équivalents français de ce mot allemand pourraient être *Exposé* ou *Compte-rendu*. On le trouve généralement traduit par *Confession de foi.*

[3] CAUDWELL, op.cit. p.12

[4] Cf. TAYLOR Dean, « Peter Riedemann's Confessions », in *The Heartbeat of the Remnant,* Janvier-février 2011, p.26 : « Un désir du Christ et une dépendance totale du Saint-Esprit jaillit de chaque page ». Ibid. p.28 : « Son cœur bat avec le cœur du Christ à travers son exhortation à manifester le Royaume de Dieu sur terre ».

Nous souhaitons, en livrant quelques éléments de compréhension de ce texte ainsi que sa traduction française, faire partager le bonheur que nous avons eu à découvrir l'ardeur évangélique du jeune Riedemann. Ses paroles n'ont rien perdu de leur pertinence. Les chrétiens du XXIe siècle pourraient tirer grand profit de l'audace de ses interprétations bibliques. Elles donnent à des notions aussi couramment utilisées que paix, partage, communauté, engagements, etc., leur sens le plus concret et le plus profond.

1. Origines du mouvement houttérien

L'histoire de l'anabaptisme pacifique débute en 1525 à Zurich[5]. Des partisans de la Réforme de l'Eglise, proches de Zwingli (1484-1531), lui reprochent de conserver un lien avec l'Etat. Conrad Grebel (v.1498-1526) et Félix Mantz (v.1498-1527) prennent la tête de la contestation.

Ils réclament une Eglise de professants, dans laquelle ce serait l'engagement personnel à suivre Jésus-Christ qui ferait le chrétien. Ils refusent donc le baptême des enfants, considérant que le seul juste baptême est celui d'un adulte sur profession de sa foi. Ils préconisent même un re-baptême – d'où leur surnom d'*anabaptistes* – pour ceux qui auraient été baptisés enfants. Les *Frères suisses*, comme on les nomme également, veulent restituer l'Eglise dans sa pureté originelle, selon les textes du Nouveau Testament. Ils refusent en conséquence le serment, la violence et toute participation à la guerre.

La persécution provoque la dispersion du mouvement naissant. La *Confession de foi de Schleitheim* (1527), rédigée par un ancien bénédictin, Michaël Sattler (v.1490-1527)[6], devient le premier texte symbolique de l'anabaptisme. En Hollande, la branche pacifique du mouvement est réorganisée à partir de 1536 par un ancien prêtre catholique, Menno Simons

---

[5] Cf. SEGUY Jean, *Les Assemblées anabaptistes-mennonites de France*, Paris-La Haye, 1977, pp.49-87.
[6] Cf. BAECHER Claude, *L'Affaire Sattler,* Méry-sur-Oise, 1990.

(v.1496-1561)[7]. La plupart des anabaptistes seront désormais connus sous le vocable de *mennonites.*

La branche houttérienne – ou *houttérite* – fait exception[8]. Elle naît dans la diaspora autrichienne et morave[9] du mouvement[10]. Les houttériens se distinguent des autres anabaptistes principalement par leur mise en pratique de la communauté des biens[11]. Leur nom vient du prédicateur Jacob Hutter (v.1500-1536)[12]. Originaire du Tyrol, il assume la direction de leurs communautés de 1533 à 1535, imposant notamment le communautarisme au sein des fraternités moraves[13], avant de mourir sur le bûcher à Innsbruck en février 1536.

Quand Hans Amon († 1542) succède à Jacob Hutter, des missions sont organisées pour sillonner l'Europe. Peter Riedemann (1506-1556)[14] fait partie de ces missionnaires de la première heure. Il s'affirmera rapidement comme l'un des principaux bergers des communautés houttériennes éprouvées par la persécution.

2. Peter Riedemann (1506-1556)

Peter Riedemann naît en 1506 à Hirschberg (Jelena Gora) en Silésie. Il apprend le métier de cordonnier, et acquiert de ce fait une formation scolaire élémentaire. Il a dû recevoir quelques rudiments de latin pendant son

---

[7] Cf. CAUDWELL François, *Découvrir le Réformateur Menno Simons,* Charols, 2011.

[8] Cf. Robert FRIEDMANN, art. « Hutterian Brethren », in *The Mennonite Encyclopedia (=ME),* vol. II, 1982 (1ère édit. 1956), Scottdale, pp.854-855. Pour avoir une vue d'ensemble de l'histoire et de la sociologie du mouvement houttérien : cf. LASSABE-BERNARD Marie-Thérèze, *Les Houttériens,* Paris, 2008.

[9] Sur l'histoire des différents groupes anabaptistes de Moravie, cf. PACKULL Werner O., *Hutterite Beginnings,* Baltimore-Londres, 1995.

[10] Cf. PETERS Victor, *All Things Common. The Hutterian Way of Life,* Minneapolis, 1967, pp.9-16.

[11] Selon Ac 2,44-47 & 4,34-35

[12] Cf. FRIEDMANN Robert, *Hutterite Studies,* Goshen, 1961, p.77.

[13] Cf. GASTALDI Hugo, « Le communisme des Frères hutterites », *La Revue Réformée,* 1973, t.99, pp.74-95 ; SEGUY Jean, « Anabaptisme pacifique, houttérianisme et communauté jérusalémite », *Lumière et Vie,* 1981, t.153/154, p.156.

[14] Cf. CAUDWELL, *Doctrine et Vie…,* op.cit. pp.11-14.

enfance dans l'Eglise catholique romaine[15]. Cette instruction, bien que réduite, le situe néanmoins dans l'élite intellectuelle de son temps[16].

Dans les années 1520, la Silésie est touchée par divers courants réformateurs. Les idées de Luther se répandent[17], mêlées à des tendances plus spiritualistes[18]. L'anabaptisme est prêché dans la région par Gabriel Ascherham (†1545). Le jeune Riedemann a des contacts étroits avec ces mouvements. C'est probablement en Silésie qu'il rejoint l'anabaptisme[19].

Des persécutions entre 1525 et 1528 obligent Riedemann à quitter cette région. Il rejoint les communautés de Haute-Autriche. Là, Hans Hut († 1527)[20] puis Wolfgang Brandhuber († 1529)[21] ont été, en 1527-1529, d'actifs missionnaires des idées anabaptistes, principalement dans les environs de Linz, Steyr et Gmunden[22]. Riedemann ne reste pas insensible à l'influence de ces deux prédicateurs[23]. Dès 1529, considéré comme « serviteur de la

---

[15] Cf. HOLLAND Robert-Charles, *The Hermeneutics of Peter Riedemann (1506-1556)*, Bâle, 1970, p.128.

[16] Ibid. p.42

[17] CHUDASKA Andrea, *Peter Riedemann*, Heidelberg, 2003, p.71.

[18] Cf. FRIESEN John J., introduction p.2 in *Liebe brennt wie Feuer, die Rechenschaft und Glaubenbekenntnis eines Taüfers* (transcription allemande de la RG), MacGregor, MB, Canada, 2010.

[19] FRIESEN John J., *Peter Riedemann's Hutterite Confession of Faith*, Waterloo, Ontario, 1999, p.44.

[20] Hans Hut, originaire de Thuringe, devient anabaptiste à Augsbourg, puis prêche sa nouvelle foi en Bavière, Souabe, Franconie, Autriche et Moravie. Il est attaché au pacifisme intégral, mais ne recommande pas la communauté des biens. Convaincu du retour prochain du Christ, sa prédication prend une tournure eschatologique. Il prêche encore en Autriche en 1527, avant d'être arrêté, torturé et brûlé dans sa prison le 2 décembre. Cf. SEGUY, *Les Assemblées anabaptistes-mennonites...*, op.cit. p.85 ; FRIEDMANN Robert, art. « Hut, Hans », in *ME*, vol. II, pp.846-850.

[21] Wolfgang Brandhuber est né à Passau. Il prêche et baptise dans cette ville en 1527, puis devient responsable de la communauté anabaptiste de Linz, en Haute-Autriche. De là, son labeur missionnaire s'étend à travers toute l'Autriche, avec un certain succès. Il enseigne une foi fondée sur la Bible, une vie dans l'Esprit rejetant tout attrait mondain, patiente dans la souffrance, renonçant à toute forme de vengeance. Il met l'accent sur l'entraide mutuelle et se méfie de tout affairisme qui pourrait léser le pauvre. Il est arrêté à Linz et exécuté avec 70 membres de sa communauté en 1529. Cf. HEGE Christian, art. « Brandhuber, Wolfgang », in *ME*, vol. I, pp.404-405.

[22] Cf. FRIEDMANN Robert, art. « Riedemann, Peter », in *ME*, vol. IV, p.326.

[23] Aucune trace du millénarisme de H. Hut n'apparaît dans la RG. Les historiens discutent au sujet de son influence sur Riedemann : Werner O. Packull la souligne ; John J. Friesen estime qu'il ne faut pas l'exagérer : cf. FRIESEN John J., « *Peter Riedemann : Shaper of the Hutterite Tradition* » (recension du livre de Packull), in *Journal of Mennonite Studies*, vol. 26 (2008), p.262. Cf. également : HAMILTON Alastair, « Werner O. Packull, *Peter Riedemann : Shaper of the Hutterite Tradition* » (recension du même ouvrage), in *Church History and Religious Culture*, 2010, p.107. Par contre, W. Brandhuber pourrait être à l'origine de plusieurs convictions de Riedemann, lequel met également en avant « l'amour, les missions, le baptême des adultes, la paix et le partage des biens matériels » : FRIESEN, *Peter Riedemann's Hutterite Confession of Faith*, op.cit. pp.26-27.

Parole »[24], il fait figure de leader au sein de ces assemblées autrichiennes. C'est la raison de son emprisonnement à Gmunden.

C'est à cette occasion que la *Chronique des Frères houttériens* l'évoque pour la première fois : « *En cette année 1529, plusieurs frères furent emprisonnés dans la région de l'Enns. Certains ont même été exécutés. Parmi eux se trouvait Peter Riedemann, né à Hirschberg en Silésie, cordonnier de profession, qui a été arrêté à Gmunden la veille de la Saint-André (29 novembre) de l'année 1529. Il avait 23 ans. Bien qu'il ait été éprouvé de plusieurs manière, au point de risquer de perdre la vie, il est demeuré fidèle. Finalement, ayant été retenu en prison pendant plus de trois ans, il fut libéré grâce à la providence de Dieu* »[25].

Durant ces trois années éprouvantes (1529-1532), Riedemann trouve la force de rédiger « sa première grande œuvre doctrinale », la *Rechenschaft unseres Glaubens geschrieben zu Gmunden im Land ob der Enns im Gefencknus*[26] *(RG)*, la confession de foi qui fait l'objet de la présente publication. Ce traité précède son adhésion au mouvement des frères houttériens. Néanmoins proche de ces derniers et héritier de divers courants issus des Frères suisses, son livret est considéré comme un document significatif pour connaître la spiritualité de l'anabaptisme primitif.

Libéré, Riedemann rejoint les houttériens de Moravie. Il se marie, et poursuit ses missions de prédicateur et de berger des groupements anabaptistes, en Franconie, Autriche, Moravie et Hesse. Il est emprisonné une seconde fois à Nuremberg, de 1530 à 1537[27].

---

[24] *Das grosse Geschichtbuch der Hutterischen Brüder*, édité en 1923 par WOLKAN Rudolf, réed. Fahler, Alberta, Canada, 1990, p.73 : « *A la fin de 1532, un serviteur de la Parole, Peter Riedemann, natif de Hirschberg en Silésie, est venu en Haute-Autriche. Pendant plus de trois ans, il fut emprisonné à Gmunden, victime de grandes souffrances, de la faim et de mauvais traitements. Mais il a persévéré dans la foi et a été relâché* ». Traduction anglaise : *The Chronicle of the Hutterian Brethren*, vol.I, Rifton, New-York, USA, 1987, p.94.

[25] Ibid. p.65. Trad. angl. p.84.

[26] FRIEDMANN, op.cit. p.326.

[27] « Peter a été détenu pendant quatre ans et quelques semaines. Les gens de Nuremberg et leurs prêtres se sont acharnés contre lui. Ils l'ont beaucoup tourmenté. Mais le Seigneur se tenait à ses côtés et a fini par le délivrer de leurs mains (le 14 juillet 1537) » : *Das Grosse Geschichtbuch...*, op.cit., p.74. Trad. angl. p.97.

En 1540, il est encore arrêté. Les autorités de Hesse l'enferment à Marburg, puis le transfèrent dans le château de Wolkersdorf. Bénéficiant d'une liberté relative, il écrit des lettres et continue d'encourager assemblées et missionnaires. C'est pendant cette détention qu'il rédige son œuvre majeure, la grande *Rechenschaft*[28], de 1540 à 1541. Cette deuxième confession de foi a joué un rôle fondamental pour fortifier les convictions des frères persécutés et pour la cohésion de l'ensemble du mouvement houttérien[29].

Revenu en Moravie en 1542, Riedemann devient le théologien de référence et le guide spirituel des assemblées houttériennes. Malade, épuisé par son ministère, les emprisonnements successifs et les persécutions, il meurt le 1er décembre 1556 dans une communauté de Hongrie.

La *Chronique* nous a laissé un résumé de sa vie et un témoignage sur ses derniers instants :

« En 1556, le premier jour de décembre, notre cher frère Peter Riedemann s'est endormi dans le Seigneur, à Protzka (= Brodsko) en Hongrie. Né à Hirschberg en Silésie, c'était un homme inspiré, comblé de dons par Dieu, un serviteur de la Parole et un ancien pour toute l'Eglise. Son enseignement et ses explications de l'Ecriture furent de grande valeur pour nous, ses frères dans la foi. Il a servi l'Eglise comme serviteur de la Parole pendant 26 ans, incluant ses séjours en prison qui ont duré 9 ans. La première fois, il fut emprisonné à Gmunden en Haute-Autriche pendant 3 ans et 4 semaines. C'est là qu'il reçut le surnom de Peter de Gmunden. La seconde fois, il fut détenu à Nuremberg pendant 4 ans et 10 semaines. La troisième et dernière fois, ce fut à Marburg et Wolkersdorf en Hesse pendant près d'un an et demi.

Le Seigneur l'a délivré de toutes les épreuves qu'il a subies pour le témoignage de Jésus-Christ et de sa vérité. Il n'y avait aucune fausseté en

---

[28] Nous l'avons publiée *in extenso* en traduction française in : CAUDWELL, *Doctrine et Vie…*, op.cit.

[29] Cf. CHUDASKA, op.cit., pp.331ss.

lui ; il a tenu bon, fermement. Son cœur et sa conscience étaient en paix, comme on l'a déjà signalé dans ce livre.

Pendant qu'il était en prison ou quand il résidait dans des communautés, Peter Riedemann a écrit beaucoup de belles lettres aux frères et aux sœurs emprisonnés ou dispersés un peu partout.

Durant son emprisonnement à Marburg et Wolkersdorf en Hesse, il a rédigé une présentation complète de notre religion, de notre doctrine et de notre foi. En prison ou dans les communautés de l'Eglise, il a composé de nombreux beaux cantiques chrétiens, spirituels et bibliques. Il était en effet riche de tous les secrets de Dieu. Le don de la Parole s'écoulait de lui comme de l'eau courante et abondante. Ceux qui l'écoutaient étaient remplis de joie. Il a vécu presque 50 ans.

En guise d'adieu, sur son lit de mort, il composa encore un chant qui débutait ainsi : 'Des liens de la mort le Christ nous délivre ; de la puissance du diable il nous libère'. Il est encore chanté par la communauté.

Les frères et les sœurs se faisaient beaucoup de souci à cause de sa maladie. Ils étaient remplis d'anxiété à la perspective de son départ. Alors, dans ses derniers instants, il leur a adressé ces paroles, extraites du livre d'Esdras[30] : 'Allez, mangez des viandes grasses et buvez des liqueurs douces, et envoyez des portions à ceux qui n'ont rien, car ce jour est saint pour notre Dieu. Ne vous affligez pas, car la joie du Seigneur sera votre force'. Ensuite, il est parti dans le Seigneur. »[31]

Par son ministère et ses écrits, Riedemann a aidé les communautés houttériennes à traverser les terribles crises de leur histoire[32] et à conserver leur héritage spirituel.

---

[30] En fait Néhémie 8,10
[31] *Das grosse Geschichtbuch*, op.cit., pp. 269-270. Trad. angl. pp.329-330.
[32] Pour une histoire générale des houttériens, cf. LASSABE-BERNARD, op.cit. ; CAUDWELL, op.cit., pp.243-256.

3. La *Rechenschaft* de Gmunden (RG)

Ecrit de circonstance, destiné à aider les frères persécutés dans leur mission et à leur apporter du réconfort, la RG n'est pas un traité théologique. « Il est bien naturel qu'un cordonnier converti se sente davantage concerné par les aspects pratiques et éthiques de la vie chrétienne, plutôt que par les sujets théoriques et intellectuels. »[33]

Ce traité compte une cinquantaine de pages. Riedemann l'a écrit dans un haut allemand primitif, teinté de dialecte bavarois et tyrolien. Nous n'en possédons aucun manuscrit autographe. Longtemps le texte n'en a pas été imprimé. Contrairement à ses écrits plus tardifs, la RG de Riedemann n'a été transmise que de manière manuscrite. Elle se trouve ainsi dans plusieurs vieux codex houttériens[34]. Les frères ont inséré le traité dans leurs livres manuscrits d'édification et l'ont ainsi conservé jusqu'à notre époque.

Notre traduction se fonde sur la transcription qu'en a donnée Robert Friedmann sous le titre : "Peter Riedemann – Die erste *Rechenschaft* – Gmunden, Oberösterreich, zwischen 1529 und 1532", *Quellen zur Geschichte des Täufer XII – Glaubenszeugnisse oberdeutscher Taufgesinnter II*, Heidelberg, 1967, pp.1-47. Nous indiquons dans le texte, entre crochets [ ], la pagination de cette édition. Il s'agit d'une reproduction littérale du manuscrit du codex n° 559 de la collection des archives d'Etat de Brünn, où la RG remplit 130 pages (folios 348-477). Une rédaction similaire se trouve dans le codex III, 124 de la bibliothèque primatiale de l'archevêché d'Esztergom en Hongrie[35]. Une traduction anglaise[36] a été éditée à partir de la même transcription.

---

[33] HOLLAND, op.cit., p.128
[34] CHUDASKA, op.cit., p.52
[35] FRIEDMANN Robert, *Peter Riedemann – Die erste Rechenschaft – Gmunden, Oberösterreich, zwischen 1529 und 1532*, op.cit. p.3.
[36] Sous le titre: *Love is like Fire: The Confession of an Anabaptist Prisoner, Peter Riedemann*, éditée par Hutterian Brethren, Farmington, 1993.

La RG comporte beaucoup de citations bibliques. Nous les avons traduites en nous inspirant autant que possible de la *Bible Segond 1910*. En raison de son caractère littéral, cette traduction biblique nous a semblé se rapprocher le plus de la version allemande[37] utilisée par Riedemann.

Aucune traduction française de la RG n'existait jusqu'à présent. Il convenait de remédier à cette lacune. Ce traité est un écho de la prédication des premiers anabaptistes. Plus court et plus facile à lire que la grande *Rechenschaft* de 1540-1541, il offre une méditation percutante sur la vie chrétienne et l'Eglise. Pour Riedemann, quand on décide de suivre le Christ, on s'y engage entièrement et jusqu'au bout !

La RG n'a rien d'un mémoire rédigé sereinement dans une chambre. Il s'agit d'une prédication missionnaire et apologétique et d'un manuel de catéchèse, qui porte la marque des circonstances de sa rédaction, celles d'une détention sévère[38].

De prime abord, la RG paraît quelque peu brouillonne, sans structure bien définie. En fait, Riedemann suit assez logiquement le cours de sa pensée.

Une première section développe le thème de l'amour. L'amour de Dieu fonde en effet tout discours chrétien, et représente la source de tout l'amour dont l'être humain est capable. Aimer se traduit par des choix décisifs. Riedemann fonde une Eglise de paix, renonçant à toute forme de violence.

---

[37] Quelle était la version utilisée par P. Riedemann ? Il est difficile de le préciser, d'autant plus qu'il cite souvent la Bible de mémoire. Les premiers anabaptistes utilisaient principalement la Bible Froschauer de Zurich ; il semble en être de même pour Riedemann. Mais ils avaient aussi à leur disposition d'autres versions allemandes, comme la Bible de Worms de 1527 : cf. HOLLAND, op.cit. p.52 ; MÜLLER Lydia, *Der Kommunismus der Mährischen Wiedertäufer*, Leipzig, 1927, p.27. Il est certain en tout cas que Riedemann n'avait pas connaissance du Nouveau Testament publié par Luther dès 1522.

[38] CHUDASKA, op.cit. p.96. Le même auteur résume ainsi les fonctions de la RG : « Elle instruit les membres des assemblées anabaptistes sur leur foi, servant ainsi un objectif catéchétique. Elle offre un réconfort spirituel dans un contexte de persécution. Elle se charge également d'un devoir de consolation. Enfin, elle présente un modèle d'argumentation à disposition pour se défendre » : op.cit. p.89.

La foi est la réponse humaine à l'amour de Dieu[39]. Cette réponse s'exprime par le baptême des seuls adultes.

La deuxième section est construite à partir des principales affirmations du Symbole des Apôtres. Riedemann estime essentiel d'adhérer à la vraie foi chrétienne pour être sauvé[40]. La référence aux plus anciennes confessions de foi de l'Eglise se retrouve chez d'autres auteurs de l'anabaptisme primitif, ainsi Balthasar Hubmaier (v.1480-1528), Leonhard Schiemer († 1528) ou Jérome Käls († 1536)[41]. Riedemann ne reprend pas le texte complet du Credo. Il en utilise les formules essentielles, les plus connues, que même les laïcs avaient en mémoire à la fin du Moyen-Âge. Elles étaient en principe récitées matin et soir, et utilisées par les parrains au moment du baptême d'un enfant[42]. Ces articles concernent le Père, le Fils et le Saint-Esprit. En s'inscrivant de cette manière au coeur de la foi chrétienne, Riedemann se situe sous une autorité incontestée. Il donne en même temps à ses lecteurs un « cadre structurant »[43], une aide pédagogique pour suivre et retenir son exposé. L'usage du Credo permet en outre de rassurer les hésitants, et de faciliter d'éventuels ralliements à l'anabaptisme[44]. Nous ne trouvons cependant pas dans la RG une formulation systématique de la foi. Elle reste un traité « écrit dans l'urgence, répondant à de fausses accusations, ne pouvant s'exprimer que par quelques lignes dans les conditions terribles d'une vie souterraine »[45].

---

[39] Riedemann évite cependant «toute référence à la théologie de Luther concernant une foi fondée uniquement en Dieu, sans participation humaine » : FRIESEN, op.cit., p.26.

[40] CHUDASKA, op.cit., p.88

[41] Cf. PACKULL Werner O., *Peter Riedemann, Shaper of the Hutterite Tradition*, Kitchener, Ontario, 2007, p.124. La référence aux symboles de foi perdurera par la suite. Le même auteur fait remarquer « que les fondements de la foi de la seconde génération des houttériens deviendront plus uniformes, avec l'émergence des Symboles des Apôtres et de Nicée comme des éléments centraux de l'exposé de la foi houttérienne » : cf. VON SCHLACHTA Astrid, recension du même ouvrage in *Mennonite Quarterly Review,* juillet 2010, vol. 84, p.457. Riedemann utilisera plus largement le Symbole des Apôtres dans sa seconde *Rechenschaft*, contribuant à fortifier chez les houttériens le sentiment d'appartenir à la *sancta ecclesia catholica*, dans la fidélité à la tradition du christianisme ancien : cf. CHUDASKA, op.cit. p.232 ; FRIESEN John J., recension du *Peter Riedemann* de CHUDASKA in *Mennonite Quarterly Review*, oct. 2008, vol.80.

[42] CHUDASKA, op.cit., p.95

[43] Ibid.

[44] Ibid. p.96

[45] TAYLOR Dean, op.cit. p.26

Dans le cadre de sa christologie, Riedemann insère un long développement sur la sainte cène, avec une critique virulente de la conception catholique de la messe. Il fait suivre ses considérations sur le Saint-Esprit par un paragraphe sur le mariage chrétien.

La dernière section de la RG traite de l'Eglise. Ce terme n'évoque pas chez Riedemann une institution à visée universelle ou multitudiniste. L'Eglise désigne une communauté de croyants engagée à la suite du Christ, sur la base du baptême de foi, et expérimentant une authentique communion fraternelle. Cette Eglise, il l'appelle la *maison de Dieu.* Il termine son traité par la description des sept colonnes qui assurent la solidité de cet édifice spirituel.

Quand il est emprisonné à Gmunden, Riedemann n'a pas encore pleinement adhéré au mouvement houttérien qui est en train de naître[46]. La vie communautaire n'y était pas encore devenue la norme. Cela explique que la RG soit moins absorbée par les questions concrètes que sa seconde *Rechenschaft.* Elle vise avant tout l'édification intérieure des croyants anabaptistes, fragilisée par l'hostilité de la société dans laquelle ils vivent. Œuvre de jeunesse, elle possède davantage une visée universelle.

4. Le contenu théologique de la *Rechenschaft* de Gmunden (RG) [47]

4.1. L'amour et la foi

4.1.1. L'amour de Dieu

---

[46] LASSABE-BERNARD, op.cit., p.56. Riedemann ne s'est affilié aux houttériens qu'en 1537, après son séjour en prison à Nuremberg. Cf. VON SCHLACHTA, op.cit. p.457.

[47] Cf. une analyse détaillée de la *Gmundener Rechenschaft* in CHUDASKA, op.cit., pp.89-164. Cf. aussi CAUDWELL, art. « Andrea Chudaska, *Peter Riedemann...* », in *Mennonitica Helvetica*, 28/29 (2005-2006), pp.149-150.

Il est remarquable que Riedemann, emprisonné et maltraité, commence son traité par une longue dissertation sur l'amour. On lui a ultérieurement reproché son légalisme, l'accent qu'il met sur une rigoureuse orthopraxie[48]. Cet aspect de sa sensibilité apparaît davantage dans la partie de sa vie consacrée à l'institutionnalisation du mouvement houttérien, notamment dans sa seconde *Rechenschaft*[49].

A Gmunden, Riedemann demeure dans le feu d'une conversion récente. Sa vie connaît un élan nouveau, irrésistible, plein d'enthousiasme, qui s'origine dans son ralliement à une foi anabaptiste naissante, encore imprégnée d'une influence mystique et spiritualiste, en partie héritée de Hans Hut[50].

L'amour de Dieu fonde la vie de l'homme et la foi chrétienne. Il est à l'origine de la création du monde. Il est la seule cause du salut de l'être humain. Dieu n'a pas créé le monde pour lui-même, mais afin d'établir une relation avec ses créatures. L'être humain n'existe que pour la gloire de Dieu. Reflet de son image au sein de la création, il avait la possibilité de trouver son bonheur en son Créateur.

Mais la désobéissance a fait le malheur de l'homme et l'a conduit dans la mort. Dieu, cependant, lui a conservé son amour. En Christ, il a délivré l'homme de la mort et lui a donné part, selon sa promesse, à sa vie éternelle. Il lui a pardonné sa faute pour faire de lui son enfant.

4.1.2. L'amour du Christ

Le Christ, *Fils éternel du Père*, s'est abaissé jusqu'à nous. Son humiliation et son dépouillement constituent la manifestation suprême de l'amour. Jésus a connu la pauvreté, la souffrance et la mort pour nous

---

[48] Cf. VON SCHLACHTA Astrid, art. « Riedemann, Peter », in *Mennonitisches Lexicon (MennLex)*, 2010-2012 : www.mennlex.de

[49] Cf. CAUDWELL, *Doctrine et Vie...*, op.cit. pp.119-161.

[50] VON SCHLACHTA, op.cit.

redonner accès auprès du Père. Riedemann utilise les images des liens, de la prison, qui lui étaient malheureusement familières, pour faire comprendre l'étendue de la délivrance reçue du Christ. En celui qui croit, les liens du péché et du diable tombent, pour laisser place à un attachement exclusif au Christ sauveur.

Par là même, Riedemann pose les fondements d'une vie de disciple, d'une existence qui trouve sa joie dans la suivance du Christ, dans une mort à soi-même, afin de devenir une nouvelle créature, entièrement donnée à Dieu.

4.1.3. L'amour pour Dieu

A l'amour de Dieu répond l'amour reconnaissant de sa créature sauvée devenue capable, grâce au Christ, de se consacrer à sa louange. Il lui est désormais possible de renoncer à elle-même et de « ne rechercher en toutes choses que la seule gloire de Dieu »[51].

Riedemann se distancie cependant d'un mysticisme détaché des réalités concrètes. Aimer Dieu représente la vocation fondamentale de l'être humain ; c'est cette louange qui fondait la création. Mais « aimer Dieu de toute sa force signifie lui rendre gloire par les œuvres extérieures »[52]. Concrètement, il s'agit pour l'homme d'accomplir tous les commandements de Dieu. « L'amour pour Dieu produit les œuvres conformes à la volonté divine ».[53]

Cet accomplissement commence par un discernement des paroles et des pensées, par un combat spirituel contre l'ennemi intérieur. Mais il doit s'épanouir ensuite visiblement dans l'amour du prochain.

---

[51] CHUDASKA, op.cit., p.109
[52] Ibid.
[53] Ibid. p.110

4.1.4. L'amour pour le prochain

L'amour pour Dieu est inséparable d'un amour pour tout être humain. Selon Riedemann, un homme de Dieu se doit de devenir débordant d'amour fraternel.

Cet amour, à la suite du Christ, ne saurait se limiter à un vague sentiment. Il s'agit de rien de moins que de donner sa vie pour les autres. Il se réalise tout particulièrement dans la communauté fraternelle que représente l'Eglise locale. De ce fait, alors qu'il n'est pas encore intégré au mouvement houttérien, Riedemann pose déjà les fondements de la communauté des biens. Le Christ n'ayant rien gardé pour lui-même, son disciple doit se donner à ses frères et ne plus rien garder pour lui-même.

L'amour chrétien reçoit aussi l'appel à s'étendre à tous. Le disciple de Jésus fera le bien autour de lui, même en faveur de ceux qui lui veulent du mal. Riedemann voit dans un tel comportement un témoignage particulièrement percutant, qui peut faire réfléchir les incroyants.

Il conclut de la parabole évangélique du Bon Samaritain *que nous sommes tous le prochain de quelqu'un d'autre : soit en tant que celui qui a besoin d'aide, soit en tant que celui qui offre son aide.*

L'amour du prochain atteint son plus haut degré dans l'amour des ennemis. « Riedemann fonde l'exigence de l'amour des ennemis sur la miséricorde dont Dieu a fait preuve à l'égard de tous les êtres humains ». « A la haine et à l'inimitié du monde, les chrétiens doivent opposer la patience et la bonté ».[54] Aimer ses ennemis, c'est devenir imitateur de Dieu. C'est le *lien de la perfection*, le signe éclatant que le chrétien marche dans la lumière de Dieu.

---

[54] CHUDASKA, op.cit. p.112

4.1.5. « L'amour est comme un feu »

L'amour est comme un feu, c'est le titre de l'édition anglaise et de l'adaptation en allemand moderne de la RG[55]. Le feu de l'amour divin, à l'origine de la création du monde, vient embraser le cœur de celui qui met sa foi dans le Christ.

Cette image du feu permet à Riedemann de parler des aspects intérieurs et extérieurs de l'amour. Il s'allume dans le cœur de l'homme, mais il s'étouffe s'il ne se répand pas. Il est aussi lumière, manifestation dans le monde de la lumière de Dieu, parce qu'*il fait ce que Dieu fait.* L'amour est une flamme qui brûle au contact de la vie. Il se consume dans les victoires sur les tentations, sur les épreuves, sur l'injustice et sur la haine.

Le feu de l'amour est allumé par la foi dans le cœur de l'homme, mais inversement, la foi ne devient vivante que par l'amour. Ce feu est la preuve de la présence du Saint-Esprit dans le croyant[56].

4.1.6. La foi

La foi n'est pas la croyance. C'est une ouverture de tout l'être à l'œuvre de Dieu. « Accueil personnel du message de l'Evangile »[57], elle trouve son origine dans l'écoute de la Parole de Dieu ; elle laisse ensuite agir cette parole pour lui permettre de « transformer l'homme intérieurement »[58], pour le justifier.

---

[55] *Love is like Fire*, op.cit.; *Liebe brennt wie Feuer*, op.cit.

[56] Riedemann développe cette intuition dans une lettre écrite en 1537 : *Je me rappelle de vous, et de la grâce qui vous a permis de discerner ce qui est faux. Quel feu Dieu, dans sa grâce, a allumé en vous à cette époque, quelle unité de cœur et de pensée il vous a donnée quand vous avez découvert la nature divine et l'héritage céleste. (...) Mes chers enfants, quand Dieu allumait ce feu en tous ses saints par le Saint-Esprit, il voulait que ce feu brûle en ses enfants et produise tout son effet. C'est pourquoi il a incité ses serviteurs à restaurer le zèle qui brûlait jadis en ses enfants, en les encourageant à faire la preuve de la présence du Saint-Esprit au milieu d'eux : Das grosse Geschichtbuch*, op.cit., pp. 135-136. Trad. angl. p.165.

[57] CHUDASKA, op.cit. p.117

[58] Ibid.

Cette justification n'est pas qu'extérieure. Riedemann s'éloigne de la doctrine luthérienne de la justification par la foi[59]. La foi possède la puissance de rendre l'homme réellement juste[60]. Contrairement à Luther, Riedemann ne pense pas que l'humanité soit irrémédiablement corrompue[61]. *Celui qui prétend ne pas pouvoir accomplir la volonté de Dieu montre qu'il n'a pas la foi.* Le Christ possède le pouvoir de conduire le croyant à « une condition vraiment sans péché ». Riedemann « tient un tel état pour possible ».[62]

La foi est une consécration ; elle offre l'être tout entier au Christ. Par la foi, le croyant s'abandonne à lui pour son salut et sa sanctification. Il renonce à se sauver par lui-même ; il fait confiance à la grâce de Dieu pour le faire entrer dès ici-bas dans la vie nouvelle du Royaume. « Quand le Christ vient en l'homme, l'individu expérimente la nouvelle naissance spirituelle qui rend juste »[63]. « Quand un individu meurt à sa volonté propre, avec le Christ et dans la foi, il est renouvelé par sa foi en Christ... C'est le Christ qui, en habitant la créature, rend possible l'obéissance entière à Dieu. »[64]

La foi possède aussi un contenu dogmatique. Ecoute de la Parole de Dieu, elle consiste en une adhésion sans réserve au contenu de l'Evangile. « Il est essentiel pour un croyant de pouvoir déclarer ouvertement sa foi ». C'est en confessant la vraie foi chrétienne que l'on est conduit au salut.[65] C'est pourquoi Riedemann estime nécessaire de rappeler l'économie du salut en Christ. L'Eglise doit rester fidèle à sa mission de prêcher l'Evangile.

Cette exigence conduit Riedemann à évoquer les prédicateurs chrétiens. Choisis et envoyés par Dieu, ils ne devraient avoir d'autre préoccupation que le soin du troupeau du Seigneur. Riedemann fustige au

---

[59] Cf. FRIEDMANN Robert, « Peter Riedemann on original sin and the way of Redemption », *Mennonite Quarterly Review,* 1952, t.26, p.211 ; PACKULL, *Peter Riedemann...,* op.cit. p.34.
[60] MÜLLER Lydia, op.cit. pp.30-32
[61] FRIESEN, *Peter Riedemann's Hutterite Confession of Faith,* op.cit. p.26.
[62] MÜLLER, op.cit. p.30
[63] Ibid. p.32
[64] CHUDASKA, op.cit. p.108
[65] Ibid. pp.83 & 88

passage ceux qui ne recherchent que leur profit et qui, dans ce but, préfèrent la prédication du mensonge à celle de la parole exigeante de Dieu.

4.1.7. Le baptême

Riedemann distingue le baptême intérieur du baptême extérieur. Le baptême intérieur renouvelle l'être humain, en Christ, par la foi. Celui qui croit est baptisé quand il meurt à lui-même. Il vit par Jésus-Christ, pour Dieu, et il sera sauvé. *Ce n'est pas le rite extérieur qui fait le baptême, mais ce qui se passe dans le cœur et dans les consciences et qui renouvelle l'être humain.* « Celui qui est baptisé meurt à sa vie charnelle ; il rencontre le Christ qui se lie à lui par son Saint Esprit »[66].

Le baptême extérieur est le baptême d'eau. Il scelle l' « alliance entre Dieu et l'homme : Dieu se lie avec l'homme par la promesse du pardon des péchés et par le don du Saint-Esprit destiné à le renouveler, et l'homme se lie avec Dieu en accueillant ses promesses par la foi et en se laissant transformer »[67]. Noé est l'exemple de cet homme qui fait alliance avec Dieu, qui accueille ses promesses et qui se laisse sauver. Par sa foi et son obéissance, « toute sa famille a été épargnée »[68].

Le rite extérieur reste donc essentiel. Il garde même une « fonction signifiante pour le salut »[69]. A. Chudaska estime que Riedemann lui attribue un caractère quasi sacramentel : en recevant le baptême, le croyant « reçoit personnellement sa participation au salut promis »[70]. Le baptême d'eau détient aussi une dimension eschatologique : il inscrit le chrétien dans le *livre de Vie*. Il signifie son appartenance à l'Eglise, « au Corps du Christ et à l'assemblée des Saints à la fin des temps »[71].

---

[66] CAUDWELL, art. « Andrea Chudaska, *Peter Riedemann...* », op.cit. p.149.
[67] CHUDASKA, op.cit. p.131
[68] PACKULL, op.cit. p.27
[69] CHUDASKA, op.cit. p.125
[70] Ibid.
[71] Ibid. p.123

Réponse de foi, le baptême est aussi un signe d'obéissance. Il est essentiel de le célébrer tel que Jésus l'a institué, ce qui exclut le baptême des enfants. « Il serait impie de ne pas respecter ce qui fut instauré par Dieu lui-même : la prédication de l'Evangile et sa réception dans la foi doivent précéder le baptême d'eau »[72].

Riedemann s'abstient, dans sa première *Rechenschaft,* de passer en revue l'argumentation des premiers anabaptistes pour s'opposer au baptême des enfants. Deux points essentiels fondent son refus du pédobaptisme : il n'a pas été institué par le Christ ni pratiqué par les apôtres ; il ne saurait sceller l'alliance de la foi et de la conscience avec Dieu, parce que les petits enfants ne possèdent pas encore la faculté de donner une réponse consciente à la prédication de l'Evangile.

S'attardant sur le passage biblique discuté du baptême de la famille du geôlier de Philippes (Ac 16,23-34), Riedemann en conclut que seuls *ceux qui ont obéi à Dieu en croyant aux paroles de Paul ont reçu le baptême.* Les petits enfants en étaient donc exclus.

4.2. Le Symbole des Apôtres[73]

En considérant le choix de Riedemann de commenter les trois principaux articles du Symbole des Apôtres, on pourrait imaginer de sa part un exposé dogmatique, ou tout au moins catéchétique, de la foi chrétienne. Or, ce n'est pas le cas. Riedemann n'est pas un théologien de profession, et

---

[72] CAUDWELL, op.cit. p.149
[73] Rappel du texte du Symbole des Apôtres :
Je crois en Dieu, le Père tout-puissant, Créateur du ciel et de la terre.
Je crois en Jésus-Christ, son Fils unique, notre Seigneur, qui a été conçu du Saint-Esprit, et qui est né de la vierge Marie. Il a souffert sous Ponce Pilate. Il a été crucifié. Il est mort. Il a été enseveli. Il a forcé le séjour des morts. Le troisième jour, il est ressuscité des morts. Il est monté au ciel. Il s'est assis à la droite de Dieu, le Père tout-puissant, et il viendra de là pour juger les vivants et les morts.
Je crois en l'Esprit Saint.
Je crois la sainte Eglise universelle, la communion des saints, la rémission des péchés, la résurrection des morts et la vie éternelle.

se garde bien de la prétention de le devenir. Il reste extrêmement méfiant à l'encontre de la science et de la sagesse humaines. Son discours est imprégné d'anticléricalisme et n'hésite pas, quand il l'estime nécessaire, à s'écarter des enseignements officiels[74]. Son traité est une « prédication missionnaire anabaptiste »[75]. Il ne vise pas à enseigner, mais à convertir. Riedemann veut toucher les cœurs, afin qu'ils se donnent sans partage au Christ.

Nous avons déjà souligné l'importance, pour les premiers anabaptistes et pour Riedemann en particulier, de la référence au principal texte symbolique du christianisme. Nous allons maintenant montrer comment il arrive à donner vie aux grands articles de la foi, à leur insuffler une fraîcheur nouvelle afin d'édifier une communauté de disciples.

4.2.1. Dieu

Riedemann ne s'intéresse pas à l'essence de Dieu. Son dessein n'est pas philosophique. Il part de Dieu pour aller à l'homme, afin de permettre à l'homme de retourner à Dieu. Il reprend en grande partie ce qu'il avait déjà exposé au sujet de l'amour de Dieu à l'origine de la création du monde : l'être humain a été créé pour rendre gloire à Dieu. L'ensemble de la création est offert à l'homme et à la femme pour leur permettre de se tourner vers leur Créateur, de le louer et de le reconnaître comme Seigneur.

Mais au moment de la chute, le péché est devenu la cause de la mort physique. Pour Riedemann, le péché originel est une « inclination héritée et une tendance au péché », mais pas une corruption irrémédiable de la nature humaine. Il est devenu possible, pour le croyant régénéré par le Saint-Esprit, de le combattre.[76] Le péché originel représente la perte de la *capacité d'obéir* à Dieu. L'être humain ne retrouvera cette capacité qu'au prix d'un âpre

---

[74] Cf. CHUDASKA, op.cit. p.84
[75] Ibid. p.89
[76] FRIEDMANN, op.cit. p.211

combat contre lui-même. Prônant une certaine forme d'ascétisme, Riedemann considère la souffrance comme un chemin pour restaurer la communion avec Dieu.

Une longue parabole lui permet d'approfondir cette idée. Les croyants sont comme les arbres d'une forêt. Ces derniers doivent être abattus, puis travaillés, pour devenir aptes à la construction d'une maison. Le chrétien doit aussi subir un travail de purification ; il convient de faire disparaître l'orgueil et la méchanceté du cœur humain.

La parabole des arbres offre à Riedemann l'occasion d'annoncer un thème qu'il reprendra à la fin de son traité : celui de la maison de Dieu, qui est la communauté des fidèles parmi lesquels le Seigneur établira sa demeure.

Cette communauté possède déjà une longue histoire, que Riedemann rappelle en énumérant les témoins bibliques. Cette énumération, sans grand intérêt, n'apparaît pas dans notre traduction. Retenons-en le message : « A partir de Noé et de l'histoire des patriarches jusqu'à Moïse, en passant ensuite par Josué, les rois des livres de Samuel, des Rois et des Chroniques, sans oublier David, les prophètes, et des héroïnes telles que Esther, Judith et Suzanne, Riedemann présente des illustrations de la vraie foi en Dieu. L'homme vraiment croyant résiste par son obéissance à Dieu à toutes les tentations, aussi bien intérieures qu'extérieures. A la fin des temps, il sera sauvé. »[77]

L'ascèse préconisée par Riedemann ne laisse pas l'homme seul dans un combat désespéré contre le mal. Sa méditation sur la création montre le souci constant que le Créateur porte à l'égard de ses créatures. Il convient de s'abandonner à la puissance de Dieu pour marcher sur le chemin de la sainteté.

---

[77] CHUDASKA, op.cit. p.138

4.2.2. Jésus-Christ

Riedemann cite dans son intégralité le second – et le plus long – article du Symbole des Apôtres. Il le connaissait bien : les anabaptistes demandaient au baptisé de réciter le Credo avant son baptême d'adulte croyant[78]. L'œuvre du Christ, dans sa vie, sa mort et sa résurrection, est rappelée : Il est la Parole de Dieu, la lumière du monde, le salut de tous les êtres humains. Le Christ, celui des Evangiles, devient la vie des disciples fidèles.

Riedemann attache une grande importance à l'incarnation : à Noël, la lumière est venue dans le monde. Désormais le Christ rejoint l'être humain par son Saint-Esprit, afin de sanctifier son existence. Le chrétien devient alors à son tour lumière dans un monde de ténèbres.

Le Christ est Sauveur. Sa mort va au-delà du pardon des péchés. Elle a vraiment détruit la puissance du diable. En réconciliant l'homme avec Dieu, Jésus a ouvert à l'homme un chemin de sanctification. Riedemann ne sépare pas la rédemption de la sanctification[79]. Dans la communion restaurée avec Dieu, l'être humain est transformé pour redevenir son enfant[80]. La justification, dans un sens très concret, est rendue possible par la foi : « En transformant l'être humain, la foi le justifie effectivement : elle le rend capable d'obéir au Christ, jusqu'à aimer ses ennemis »[81].

Christ s'est humilié, il a souffert et il est mort. Le salut est une grâce. Jésus est le Sauveur des hommes par son sang. Mais ce faisant, il a également donné un exemple à ses disciples avec la possibilité de le suivre.

---

[78] Ibid. p.95. C'est toujours le cas parmi les houttériens : cf. HOSTETLER John A., *Hutterite Society,* Baltimore-Londres, 1997, p.337.

[79] Cf. CHUDASKA, op.cit. p.107 : « La mort du Christ ne délivre pas seulement de la faute devant Dieu. Elle délivre aussi l'être humain de son esclavage sous la puissance du péché. Elle ouvre un chemin vers une vie conforme à la volonté de Dieu, qui n'était pas possible pour l'homme maintenu sous la malédiction du péché originel ».

[80] La mort du Christ « ne se limite pas à absoudre la faute de l'homme. Elle le libère de l'esclavage du péché pour le renouveler et lui permettre de retrouver en lui l'image de Dieu. Ce renouvellement, accueilli dans la foi, rend possible, grâce à l'inhabitation du Christ dans la créature, l'accomplissement de ses commandements » : CAUDWELL, art. « Andrea Chudaska, *Peter Riedemann...* », op.cit. p.149.

[81] CAUDWELL, ibid.

Il leur a montré la véritable grandeur, qui consiste à suivre ses traces dans le renoncement, le service et la souffrance.

Le Christ est mort, et il est ressuscité. C'est dans la gloire du Père qu'il attend désormais ceux qui l'auront suivi dans la foi et l'obéissance.

4.2.3. Le repas du Seigneur

Riedemann part de sa réflexion christologique pour aborder la question de la sainte cène. Ce sujet opposait les anabaptistes à l'Eglise romaine, mais divisait aussi entre eux les divers courants de la Réforme. Les écrits des premiers anabaptistes nous ont laissé de vives polémiques sur la cène, appuyées sur des argumentations détaillées. Riedemann reprendra ces arguments dans sa seconde *Rechenschaft*.[82]

Rien de tel dans la RG. Riedemann fait l'économie de développements fastidieux. Il va à l'essentiel, ce qui ne l'empêche pas de se montrer très sévère à l'encontre de la messe catholique romaine, ainsi que de la conception luthérienne de la cène, qu'il avait probablement connue en Silésie. Il « développe une conception spirituelle de la cène, proche de celle de Zwingli et de Hubmaier »[83].

La transition de la christologie au thème de la cène se fait par l'évocation de l'ascension du Seigneur[84]. Puisque le Christ possède désormais sa demeure dans le ciel, il ne saurait résider dans le pain eucharistique. De plus, le corps glorieux ressuscité du Seigneur ne peut plus être touché par la main des pécheurs. Riedemann se distancie ainsi de toute chosification de la présence christique. Cette dernière est spirituelle. Désormais, la présence réelle du Christ est celle de son Esprit dans la vie des croyants. « S'attacher à quelque chose de créé, d'extérieur, masque la rencontre de Dieu avec l'être humain. Cette rencontre ne se produit pas à

---

[82] Cf. CAUDWELL, *Doctrine et vie…*, op.cit. pp.114-119 & 207-212
[83] CAUDWELL, art. « Andrea Chudaska, *Peter Riedemann…* », op.cit. p.150
[84] Cf. PACKULL, op.cit. p.26

l'aide d'un élément extérieur, mais elle est l'inhabitation du Seigneur dans le cœur des croyants. C'est là, et non pas dans l'ostensoir exhibé par le prêtre (*Brothaus*) que l'on peut trouver Dieu ».[85]

Riedemann consacre une grande partie de son exposé à commenter le discours de Jésus sur le pain de vie, en Jean 6. Il cherche à comprendre ce que signifie *manger le corps du Christ*. Il en conclut que manger la chair du Seigneur, c'est croire en sa Parole et en son œuvre, qui conduit au salut.

Riedemann s'oppose donc fermement à la doctrine catholique de la transsubstantiation qui, selon lui, tend à *faire du pain un dieu*. Dans un paragraphe polémique – et courageux, n'oublions pas qu'il écrit en prison ! – il donne libre cours à son anticléricalisme, traitant les clercs de *prédicateurs ventripotents*. L'hostie consacrée par les prêtres devient une malédiction. Plus loin, il situe sa polémique au niveau de la célébration de la messe. Il compare le vrai *repas du Christ* à celui de l'*antéchrist,* ce dernier terme désignant de manière peu amène le clergé catholique romain. Le contexte n'était pas favorable à une réflexion sereine ! Riedemann montre combien la célébration de la messe s'est éloignée de la simplicité du dernier repas du Seigneur, laissant de côté sa dimension fraternelle et exhortative.

Car c'est là l'essentiel pour Riedemann. Repas pascal, rappel de l'agneau dont le sang sauvait les israélites avant la sortie d'Egypte (Exode 12), la cène fait mémoire du salut accordé par le Christ. Elle est un appel à la foi. Une interprétation allégorique de l'agneau pascal permet à Riedemann de rappeler la condition du disciple du Christ. Communier à l'Agneau, manger le pain du Seigneur, c'est accepter par la foi son salut et sa vie. C'est donc tenir ferme pour suivre le Christ jusqu'au bout, y compris dans la participation à ses souffrances et à sa mort. C'est en même temps devenir en Christ une créature nouvelle. La communauté communiante est appelée à devenir un

---

[85] CHUDASKA, op.cit. p.85

« petit noyau du Royaume de Dieu, certes imparfait, mais possédant l'intention de devenir pure et dédiée à une existence séparée du péché »[86].

En rompant le pain, Jésus a signifié à ses disciples que son corps serait brisé par la souffrance et la mort mais aussi que, par son sacrifice, il allait leur donner le salut et la vie éternelle. Sa nourriture pour son Eglise, c'est son Esprit, qui conduit dans cette vraie vie, avec lui, pour toujours.

Prendre le pain de la cène représente une démarche concrète de foi. C'est accepter *le pain véritable qui a été brisé…, les souffrances et la mort du Christ dont nous devons devenir participants afin de partager sa résurrection et sa gloire*. Le chrétien, en communiant au Christ, se prépare à communier à ses souffrances. La cène prépare « pour de futurs procès et tribulations, et fait prendre conscience que personne n'est seul dans l'épreuve, et que les frères restent vraiment unis les uns avec les autres »[87].Les persécutions pour le nom du Christ font partie intégrante de l'existence d'un disciple. *Les membres qui acceptent de souffrir avec la tête deviennent participants de son amour.* « En représentant au croyant les souffrances et la mort du Christ, la cène l'engage sur le chemin des souffrances du Seigneur »[88].

Le pain et le vin sont des symboles éminemment signifiants : *L'amour du Christ, comme notre amour, nous est représenté avec le pain et le vin.* Riedemann utilise l'image traditionnelle et liturgique, dont l'origine remonte à la *Didachè* (IIe s), des grains divers et multiples, moulus ensemble pour devenir un même pain. Cette allégorie lui permet de reprendre deux idées essentielles : la communion au Christ dans la souffrance, et la communion des croyants les uns avec les autres.

La cène telle que Riedemann l'expose dans la RG n'est donc pas sans lien avec ce que sera la pratique houttérienne de la communauté des biens. Elle n'est pas célébrée avec une hostie, mais volontairement avec « un pain

---

[86] FRIEDMANN Robert, « Hutterite Worship and Preaching », *Mennonite Quarterly Review,* 1966, t.40, p.6.
[87] Ibid.
[88] CAUDWELL, op.cit. p.150

entier brisé et partagé »[89]. Ceux qui mangent de ce pain forment réellement un seul corps, au sein duquel *nul membre ne vit pour lui-même, mais pour les autres et pour le corps tout entier. Puisque le Christ a annoncé que son corps serait rompu pour notre salut, nous exprimons nous aussi, dans la fraction du pain, notre volonté d'offrir notre corps pour nos frères, par amour et au nom de sa parole.*

Cet engagement peut aller très loin. Il favorisera l'institutionnalisation de la communauté des biens[90]. Il implique aussi une communion dans les épreuves. Quand Riedemann rédige la RG, il a en vue des situations dramatiques réelles. S'offrir à ses frères, cela peut conduire à les réconforter et à leur venir en aide, publiquement si nécessaire, *même dans le supplice du feu ou de l'eau, sans tenir compte des menaces du monde.* Avant de participer à la cène, le croyant doit se demander si sa communion au Christ est prête à aller jusque là. Le cœur du chrétien est le temple du Christ ; c'est là qu'il réside désormais par son Saint-Esprit.

4.2.4. Le Saint-Esprit

Le paragraphe que Riedemann consacre au Saint-Esprit n'est pas long. Il ne faudrait pas en déduire qu'il n'accorde pas d'importance à la troisième personne de la Trinité. Il a exposé les effets de l'action de l'Esprit de Dieu dans le cœur des croyants dans les paragraphes précédents, et il continuera à le faire dans les dernières parties de la RG qui traiteront de l'Eglise.

En achevant sa référence au Credo, il confirme son désir que les chrétiens demeurent fidèles à la foi apostolique. Là encore, il ne s'attarde pas sur l'essence du Saint-Esprit. Il se contente d'affirmer que *la puissance du*

---

[89] MÜLLER, op.cit. p.40

[90] « Par leur don mutuel du corps, de la vie et de ce qu'ils possèdent, les frères fusionnent en un corps mystique idéal dont la tête est le Christ. La communauté concrète des biens représente non seulement l'unité des frères les uns avec les autres, mais aussi leur unité avec le Christ » : CHUDASKA, op.cit. pp. 110-111.

Très-Haut est le Saint-Esprit. Mais cette réalité a d'énormes conséquences : *Il fait tout en tous.* L'Esprit est à l'origine de la nouvelle naissance du croyant.

Il fonde donc l'Eglise, en ouvrant les cœurs à la connaissance du Christ, en la gratifiant de ses dons et en donnant l'assurance du pardon des péchés. L'Esprit est aussi la présence réconfortante de Dieu dans les tribulations. Il donne la force de demeurer ferme dans la foi, il console ceux qui pleurent, il soulage ceux qui souffrent. La réalité de sa puissance est éprouvée dans le feu de l'emprisonnement et des persécutions.

4.2.5. Le mariage

Le paragraphe que Riedemann consacre au mariage apparaît sans lien avec ce qui précède et ce qui suit. Il s'agit peut-être d'une ancienne conclusion de la RG, car il semblerait qu'il ait ajouté ultérieurement la dernière partie concernant la maison de Dieu. Le mariage représente un domaine de la vie chrétienne qu'il était indispensable de traiter. Riedemann l'aurait gardé pour la fin.

Quand il rédige la RG, le jeune Riedemann n'est pas encore marié. Il n'épousera Katharina – surnommée *Treindl* – qu'en 1532. Il n'a aucune expérience vécue de la vie conjugale. Dans sa grande *Rechenschaft,* il prendra le temps d'exposer une conception originale du mariage, marquée par le mysticisme, mettant d'abord l'accent sur l'union de l'âme avec Dieu[91].

Dans la RG, Riedemann traite du mariage d'une façon classique. Il rassemble les principaux textes bibliques sur la question pour rappeler la fidélité requise, et les devoirs réciproques de l'homme et de la femme. L'amour mutuel des conjoints, les soins de l'époux et la soumission de l'épouse, reflètent la relation du Christ avec son Eglise.

La perception du mariage reste ascétique. Riedemann met en garde contre la recherche du plaisir charnel. Le mariage fait partie de la suivance du

---

[91] Cf. CAUDWELL, *Doctrine et Vie…,* op.cit. p.128.

Christ, de la voie de la sanctification ; il ne recherche que la gloire de Dieu, dans l'amour et le service réciproques.

Notons la triple direction que Riedemann attribue au mariage chrétien : l'amour du conjoint, l'amour de Dieu et l'amour des enfants. Ces trois orientations de l'amour sont inséparables ; ils donnent au mariage toute sa signification. Riedemann apporte là une contribution intéressante aux discussions actuelles sur le sujet !

4.3. La maison de Dieu

La dernière section de la RG est probablement un appendice que l'auteur a ajouté ultérieurement[92]. Elle traite de l'édification et des fondements de la maison de Dieu, qui *est l'Eglise, l'assemblée de Dieu*. Dans les écrits de Riedemann, c'est la plupart du temps le terme de *Gemeinde* qui désigne l'Eglise. Il ne s'agit pas d'une institution, même d'une *communauté* de frères et de sœurs, unis par leur engagement à vivre en Christ[93].

4.3.1. Caractéristiques de l'Eglise du Christ

Riedemann expose sa conception de l'Eglise à l'aide d'une parabole décrivant la construction d'une maison. La comparaison elle-même induit l'idée de solidité. La communauté chrétienne doit être capable d'affronter les tentations et l'hostilité du monde.

Ceux qui participent à son édification sont invités à s'examiner eux-mêmes et à mesurer leur engagement. Seront-ils capables de toujours laisser

---

[92] « En dehors de la partie principale, ce traité comporte deux morceaux séparés d'une grande beauté, mais n'appartenant pas au sens strict à la confession de foi » : FRIEDMANN, art. « Riedemann, Peter », op.cit. p.326.

[93] « L'Eglise (*Gemeinde*) n'est pas pour Riedemann semblable au *Corpus permixtum*, une assemblée rassemblée par la Parole et le sacrement. Elle est une communauté unie par l'Esprit, dans la foi et l'amour, avec le Christ comme Tête. Pureté concrète et disponibilité au martyre donnent à cette communauté son aspect extérieur » : CHUDASKA, op.cit. p.150.

au Christ la première place ? Dans le contexte de la rédaction de la RG, il s'agit d'une exhortation à tenir bon dans les épreuves et la persécution.

Les tribulations font partie de la vie de l'Eglise. Une Eglise bourgeoise ou mondaine est un non-sens pour Riedemann. Pour qu'une maison soit belle, ses pierres nécessitent une taille soignée. Les chrétiens seront eux aussi travaillés sévèrement. Intérieurement, par la discipline et la puissance de l'Esprit, qui purifie le *cœur du péché et de l'injustice*. Extérieurement, *au prix de nombreuses afflictions et persécutions au nom de la Parole*.

La belle maison de Dieu rayonnera par l'amour. La mystique de Riedemann ne l'enferme pas dans un monde clos. Certes, le disciple du Christ se garde du monde, mais c'est pour mieux aimer son prochain. Le paragraphe sur l'Eglise nous livre de magnifiques considérations de Riedemann sur le souci du pauvre. Être rempli du Saint-Esprit, c'est le laisser agir en nous en vue de l'amour de tous, et particulièrement de ceux qui sont dans le besoin. Riedemann n'a pas seulement en vue les miséreux de sa communauté anabaptiste, dépouillés de tout par les persécutions. Il reproche aux riches de ce monde de se détourner de celui qui meurt à leur porte : *ils l'abandonnent pour qu'il soit dévoré par les vers, sans abri, au lieu de l'aider dans sa misère*.

Après l'image de la pierre, Riedemann utilise celle du bois qu'il faut aller chercher sur une montagne pour construire une maison. La montagne est le Christ, vers lequel tout être humain doit tendre par la foi. Le bois, c'est le don du Saint-Esprit. « L'Eglise est assemblée par le Saint-Esprit, sur le fondement du Christ, pour devenir le Corps du Christ, la Maison de Dieu, son Temple vivant. Dieu habite par son Esprit dans l'individu pour fonder la communauté. L'essentiel, c'est la foi, qui met son espérance dans la grâce de Dieu et rend cette inhabitation possible ».[94] En définitive, c'est Dieu qui construit sa propre maison et qui lui donne sa solidité, afin qu'elle résiste au monde et à son hostilité. *Il l'entoure de solides colonnes pour la protéger…*

---

[94] CHUDASKA, op.cit. p.153

4.3.2. Les sept colonnes de la maison de Dieu

L'allégorie des sept colonnes pose question aux historiens. R. Friedmann[95] pense qu'elle a été influencée par un traité de l'anabaptiste Jörg Haug, publié en 1524[96]. Dans ce livret, Haug énumérait sept échelons pour parvenir à la perfection. W.O. Packull n'estime pas nécessaire de faire valoir cette influence, « étant donné l'usage fort répandu de la symbolique des nombres »[97]. Il nous semble effectivement que cette symbolique des degrés de perfection est une constante de la spiritualité ascétique. Riedemann n'était certainement pas un lecteur assidu des Pères du désert des premiers siècles chrétiens, et notamment de Jean Climaque († v.649) et de son *Echelle sainte*, mais il puisait aux même sources : la Bible lue dans une perspective de sanctification et de résistance au mal, avec sa symbolique du chiffre sept, qu'il retrouvait partiellement dans les péricopes qui semblent lui avoir servi de références : Proverbes 9,1 et Esaïe 11,2.

La maison de Dieu est menacée par le monde qui l'entoure. Par la persécution, bien sûr, mais surtout par les tentations insidieuses qui cherchent à détourner le chrétien de son engagement ferme à la suite du Christ. L'allégorie des sept colonnes a pour objectif d'aider les frères anabaptistes hésitants, confrontés aux difficultés et aux dangers que leur conversion leur fait courir. Riedemann commence ici son ministère de réconfort et d'encouragement de ses frères en proie aux pires tribulations, dont des échos nous sont parvenus par ses lettres notamment.

Les textes sont courts, imagés, incisifs, faciles à mémoriser. Ce paragraphe est un petit manuel de résistance évangélique.

---

[95] In *Love is like Fire*, op.cit. p. 73.
[96] Intitulé *Anfang eines christlichen Lebens*, et édité par Lydia MÜLLER, in *Glaubenszeugnisse oberdeutscher Taufgesinnter*, Leipzig, 1938, pp.3-10.
[97] PACKULL, op.cit. p.195

Les discours de la société ambiante qui s'acharnent à décourager les nouveaux convertis à l'anabaptisme sont comparés à des *vents violents* ou à des *eaux torrentielles.* Ils suggèrent la folie d'un engagement qui prend le risque de la persécution, de la perte des biens matériels ou de la vie. Ils prêchent une « grâce à bon marché » – selon l'expression du pasteur Dietrich Bonhoeffer (1906-1945) – qui n'exige pas de tels sacrifices de la part des croyants. A ces suggestions mondaines, Riedemann oppose des aptitudes ou des sentiments qui n'ont pour seuls appuis que Dieu et sa parole : la crainte de Dieu, sa sagesse, son intelligence, son conseil, sa force, sa connaissance et son amitié.

Il ne s'agit pas à proprement parler de degrés de perfection, ni même de « métaphores pour reconstruire la véritable Eglise »[98]. Parlons plutôt d'aspects différenciés de la vigilance chrétienne. L'énumération se termine par une colonne dont le nom ne figure pas en Esaïe 11,2. Il s'agit de l'amitié de Dieu, ou de sa bienveillance. C'est elle qui rend la résistance possible. C'est parce que le croyant est l'objet de la grâce de Dieu qu'il peut s'opposer, comme le Christ, aux suggestions et aux assauts qui pourraient le troubler. Il est *rendu capable d'être vainqueur en toutes choses par la bienveillance et l'amour de Dieu.*

Dans l'assurance du bonheur promis aux persécutés par les Béatitudes de l'Evangile (Matthieu 5,1-12), Riedemann achève son traité. Le disciple du Christ trouvera toujours son appui dans la puissance de Dieu.

5. Conclusion

La *Rechenschaft* de Gmunden est un traité étonnant. Un cordonnier emprisonné expose sa foi, avec tous les dangers que cela comporte. Son argumentation est solide. Son manque d'académisme, de rigueur intellectuelle, est largement compensé par le souffle qui l'anime, son désir de

---

[98] PACKULL, op.cit. p.20

vérité et d'authenticité, appuyés sur des références appropriées de l'Ecriture sainte, et ancrés dans la foi de l'Eglise chrétienne. Son traité semble lui donner raison, il « apporte la preuve qu'un simple laïc est capable de rédiger une œuvre théologique de manière professionnelle »[99]. *La parole et la connaissance de Dieu ne s'apprennent pas dans les universités*, écrit-il en référence à la sixième colonne de la maison de Dieu. « Ni les dons humains, ni le fait d'être savant, mais seuls l'Esprit de Dieu et l'Ecriture mènent à une vraie connaissance de Dieu et de la Bible ».[100]

Les errements du clergé de son époque poussent Riedemann à prendre la parole, avec l'instruction élémentaire qui fut la sienne. Fort de sa conviction que « la sagesse divine ne vient pas des grandes écoles »[101], il prend la plume. En prophète, il tient tête au clergé catholique, comme aux premiers intellectuels de la Réforme. Les positions de Luther sur la justification par la foi seule ou sur la sainte cène ne sont pas épargnées par le jeune artisan de Gmunden. A. Chudaska voit dans cette audace l'expression d'un anticléricalisme significatif de l'anabaptisme naissant : « Puisque les savants avec leur science ont fait défaut, le Seigneur a maintenant révélé la vraie connaissance de Dieu à des gens humbles et de simple laïcs »[102].

Il est vrai que l'érudition biblique du jeune Riedemann force l'admiration. D'autant plus que, ayant grandi dans le catholicisme, il n'a pas été nourri des textes de l'Ecriture depuis son enfance. Avait-il une Bible à sa disposition dans sa prison de Gmunden ? L'abondance de citations le laisse penser. Mais le fait que beaucoup ne soient pas textuelles peut établir que certaines lui venaient de mémoire[103]. « La *Rechenschaft* montre que Peter

---

[99] CAUDWELL, art. « Andrea Chudaska, *Peter Riedemann...* », op.cit. p.150

[100] CHUDASKA, op.cit. p.86

[101] PACKULL, op.cit. p.31

[102] CHUDASKA, op.cit. p.86. Le même auteur parle d'un « anticléricalisme pneumatologique » : cf. ibid. pp.158-160.

[103] R. FRIEDMANN écrit dans l'introduction à *Love is like Fire* (op.cit. p.II): « Nous ne savons pas si Riedemann avait avec lui une Bible pendant son emprisonnement de 1529-1532 ; il est très probable qu'il savait par cœur bon nombre de passages de l'Ecriture et qu'il les citait de mémoire ».

Riedemann doit avoir abondamment lu sa Bible et, bien qu'il ne soit pas exempt d'erreurs d'interprétations, il a une connaissance remarquable de son contenu. Quand il écrit sur un sujet, un grand nombre de références bibliques semblent revenir à sa mémoire »[104].

Sa lecture de la Bible n'est pas toujours littérale ; elle prend aussi une dimension spirituelle. Il ouvre des perspectives nouvelles d'interprétation. Il exploite des allégories avec une liberté qui reste cependant encadrée par la parole de l'Ecriture. Il s'écarte des spiritualistes, sans renier une connaissance éclairée par l'Esprit de Dieu. Cependant, jamais « la Parole et l'Esprit ne sont joués l'un contre l'autre, mais ils se tiennent l'un à côté de l'autre »[105]. A. Chudaska «parle d'une argumentation *pneumatologique* : l'obéissance à l'action de l'Esprit ne peut se vivre que dans une stricte soumission à l'Ecriture »[106].

Sa connaissance de Dieu s'inspire des grands principes prônés par la Réforme : l'autorité de l'Ecriture seule, le témoignage intérieur du Saint-Esprit et l'analogie de la foi. Riedemann l'expose avec simplicité à la fin de son paragraphe traitant de l'*intelligence selon Dieu* (troisième colonne de la maison de Dieu) : *L'Esprit de Dieu s'interprète par lui-même, et l'Ecriture explique l'Ecriture.*

On a pu trouver des éléments mystiques dans la pensée de Riedemann[107], notamment dans ses discours sur l'amour ou sur l'Eglise. Cependant, ce n'est pas parce que Riedemann évoque la communion avec le Christ et le rôle essentiel du Saint-Esprit dans la vie chrétienne qu'il serait un « mystique-spiritualiste ». Il est frappant de constater le peu de place accordé à la prière dans la RG, et l'absence d'allusion à des exercices ascétiques. Il est vrai qu'il n'avait pas besoin de ces derniers, étant données les conditions de sa détention.

---

[104] HOLLAND, op.cit. p.52
[105] CHUDASKA, op.cit. p.162
[106] CAUDWELL, op.cit. pp.148-149
[107] Cf. FRIEDMANN in op.cit. p.II ; CHUDASKA in op.cit. p.153.

Riedemann contemple avec reconnaissance l'œuvre créationnelle et rédemptrice de Dieu. Mais pour lui, la louange s'exprime avant tout par la purification des pensées et la sanctification de l'existence. Il exhorte à la prière pour demander à Dieu son secours, et garde l'assurance de son exaucement dans la foi. Mais aucun paragraphe ne traite de la prière proprement dite.

Les références à l'Esprit dans lesquelles on pourrait discerner une tendance spiritualiste restent discrètes. Quand il décrit la maison de Dieu, il invite simplement à *s'enivrer du vin doux de la connaissance et de la sagesse de Dieu, qui est le Saint-Esprit.*

Fort peu de traces donc, dans ce traité écrit en prison, d'un mysticisme en cellule, d'une communion avec le divin dans le silence ou par des exercices spirituels. La communion au Christ n'existe que dans une vie d'obéissance à la Parole de Dieu, tournée vers les autres et consacrée au témoignage de la foi. Toujours, « Riedemann garde en vue une communauté concrète de baptisés »[108]. Cette communion trouve son accomplissement dans le martyre, le renoncement, le partage des biens, ou l'amour des ennemis.

D'autres écrits de Riedemann, plus tardifs, notamment ses cantiques, dévoileront la force de sa prière et de sa confiance en Dieu. Mais pour l'instant, dans son cachot de Gmunden, il vit la communion avec le Christ dans ses souffrances et dans son souci de sa communauté, par son témoignage, ses écrits, sa disponibilité au service et au martyre.

La force de la RG tient aussi au fait que ce traité n'est pas resté lettre morte. Beaucoup d'écrits sur la sanctification ne furent en fait que de pieux discours. Riedemann quant à lui vit ce qu'il écrit, et ce qu'il écrit fait vivre une communauté de frères et fortifie une Eglise persécutée. La RG marque le début du ministère fécond de Riedemann, et celui de la grande aventure des

---

[108] CHUDASKA, op.cit. p.164

houttériens. Ne pourrait-elle pas susciter un nouvel élan, un désir de vivre en disciples, jusqu'au bout, dans d'autres communautés chrétiennes ?

F. Caudwell, mars 2013

[p.4[109]]

PRESENTATION

ET CONFESSION

DE LA FOI

DE

PETER RIEDEMANN

---

[109] Numérotation de la transcription que nous utilisons : « *Die* erste *Rechenschaft* – Gmunden, Oberösterreich, zwischen 1529 und 1532", *Quellen zur Geschichte des Täufer XII – Glaubenszeugnisse oberdeutscher Taufgesinnter II*, Heidelberg, 1967, pp.1-47.

L'amour et la foi

L'amour de Dieu[110]

Quand rien n'existait, quand le monde n'était pas encore fermement établi sur ses bases, Dieu, dans sa toute-puissance et sa divinité, planait dans les airs. Lui, l'être infini, était seul dans sa gloire. Mais, semble-t-il, c'était trop peu pour lui de rester seul. Il voulait qu'on lui rende gloire mais il n'y avait rien pour glorifier et magnifier son Nom. Il décida donc, par une résolution qui durerait éternellement et ne changerait jamais, de créer le ciel et la terre et de les remplir de sa gloire. En toute créature, œuvre de ses mains, son essence invisible et *sa puissance éternelle* sont devenues reconnaissables et visibles, comme on peut le constater[111].

En voyant *tout ce qu'il avait fait*, Dieu estima que *c'était très bon* et conforme à sa volonté, sans aucun défaut, comme il en témoigne lui-même[112]. Mais en tout cela, il n'y avait pas encore d'œuvre ou de créature capable de lui rendre gloire comme il le voulait. C'est pourquoi il prononça ces paroles : « *Faisons l'homme à notre image »*[113], à savoir un homme parfaitement pur et sans aucun défaut. C'est ainsi qu'il créa un homme et une femme, et il leur confia la domination sur toutes les œuvres de ses mains[114], excepté sur l'arbre de vie et celui de la connaissance du bien et du mal. A propos de ce dernier, il leur fit savoir que le jour où ils en mangeraient, ils mourraient[115].

Malheureusement, cet être humain − que Dieu avait créé pour recevoir de lui la louange − n'a pas tardé à faire fausse route. Il a eu vite fait d'oublier le commandement et tous les bienfaits de son Créateur. Il a préféré la désobéissance à

---

[110] Les titres des parties et des paragraphes ne sont pas de Peter Riedemann. Les titres des paragraphes s'inspirent de ceux qui sont utilisés dans la traduction anglaise : *Love is like Fire*, op. cit.

[111] Cf. Rm 1,20. Nous utilisons les abréviations des livres bibliques de la *Traduction Œcuménique de la Bible*.

[112] Gn 1,31

[113] Gn 1,26

[114] Cf. Gn 1,27ss

[115] Gn 2,17

l'obéissance en mangeant du fruit défendu[116]. Cette faute l'a conduit avec toute sa descendance au malheur et à la chute. Il a dû subir la colère de Dieu, au point que même le sol fut maudit à cause de lui, produisant *des épines et des ronces*[117]. L'homme a été puni parce qu'il a détesté le bien, quand Dieu attendait de sa part la bonté et l'obéissance. Il a porté en fait, de par sa désobéissance, *des épines et des ronces*. La mort est donc venue, et avec elle la ruine éternelle, sur lui et toute sa descendance. Depuis lors, les êtres humains n'ont jamais pu retrouver ce que le seul Adam avait perdu, à savoir la faveur et la bienveillance de Dieu. La colère de Dieu était tombée sur eux [p.5]. Ils sont restés sous la domination du péché et de la mort, comme accablés sous un lourd fardeau que personne n'aurait le pouvoir de leur ôter, excepté le seul et unique Dieu tout-puissant − contre qui ils avaient péché − par son Fils bien-aimé, etc.

Pourtant Dieu, malgré son immense colère qui s'était abattue sur nous, n'a pas voulu retenir ni cacher son amour. C'eût été impossible d'ailleurs, puisque c'est lui qui est l'amour. Il a donc dû, de sa propre initiative, montrer, manifester et dévoiler son amour à la race humaine. Après la malédiction, il a apporté, selon sa promesse, la consolation. Afin que l'homme reçoive consolation et espérance, il avait dit au serpent : « *Je mettrai inimitié entre toi et la femme, entre ta postérité et sa postérité : celle-ci t'écrasera la tête* ».[118] Cette postérité, c'est le Christ. C'est lui, notre Sauveur, qui a écrasé la tête du serpent : il s'est emparé de la puissance et de la domination du diable.

Ah ! Quel immense amour ! Dieu nous console, alors que nous sommes ses plus grands *ennemis*[119] ! Il nous fait une promesse remplie d'amour : celle de nous délivrer de la mort que nous avions méritée par notre faute, et de nous donner la vie éternelle. Et cela gratuitement, sans aucun mérite de notre part. Sa clémence et sa miséricorde sont comme une fontaine qui déborde. Sa miséricorde coule sur tous ceux qui la désirent. Il les appelle tous à sa grâce en disant : « *Vous tous qui avez soif,*

---

[116] Gn 3,6
[117] Gn 3,17ss
[118] Gn 3,15 ; cf. Rm 16,20 ; He 2,14
[119] Cf. Rm 5,10

venez aux eaux, même celui qui n'a pas d'argent ! Venez, achetez du vin et du lait, sans rien payer ! » [120]

Qui a jamais montré autant d'amour que le Créateur de toutes choses ? Il a aimé ceux qui l'ont méprisé et il continue à prendre soin d'eux jour après jour en leur prodiguant la nourriture, la boisson, le vêtement et tout ce qui leur est nécessaire. Il leur donne aussi la puissance et la force musculaire. Que pourrait posséder l'homme de plus qu'il n'ait reçu de Dieu[121]? Que pourrait-il acquérir, qui n'ait pas déjà été préparé pour le lui donner ? Pourtant, Dieu n'en est pas remercié, lui de qui tout vient et qui prend soin de nous, comme une mère de son enfant quand elle le serre contre sa poitrine pour lui donner son lait en voulant le préserver de tout mal. Il veut nous délivrer, si du moins nous écoutons sa voix. De même qu'un oiseau veille sur ses petits, Dieu veille sur nous pour nous aider. Comme il le déclare : « *Invoque-moi au jour de la détresse ; je t'écouterai et je te délivrerai ».*[122]

Quel Dieu fidèle ! Il oublie nos transgressions et nous accorde généreusement sa grâce ! L'amour de Dieu consiste en ceci [p.6] : Il *n'a pas épargné son propre Fils* bien-aimé. Il l'a envoyé dans le monde et *livré* à la mort pour le pardon de nos péchés[123]. Quel grand amour ! Il a ressuscité son Fils unique, celui qu'il aimait, en nous[124] qui étions voués à la mort, pour nous conduire dans son Royaume ! Que pourrait-il donc faire de plus pour nous ? Il a tout accompli ! Que devrait-il encore nous prouver, alors qu'il a tout démontré en envoyant pour nous son Fils ? Ah ! *Comment ne nous donnera-t-il pas toutes choses avec lui ?*[125]

De surcroît, il nous a adoptés pour être notre Père et pour que nous soyons ses enfants, en nous pardonnant gratuitement nos péchés. Nous ne lui devons donc rien en retour, et lui ne réclame rien, sinon notre foi *en son Nom* et en son Fils Jésus-Christ, *qu'il a envoyé comme Sauveur du monde*[126].

---

[120] Es 55,1 ; cf. Jn 7,37 ; Ap 22,17
[121] Cf. 1Co 4,7
[122] Ps 50,15 ; cf. Ps 91,15
[123] Rm 8,32 ; cf. 1Jn 4,10
[124] Notons cette curieuse expression et sa force : la résurrection du Christ reste effective dans la vie de ses disciples.
[125] Rm 8,32
[126] Cf. Jn 1,12 ; 6,29 ; 1Jn 4,14

L'amour du Christ

Le Christ Jésus est la Parole éternelle du Dieu Très-Haut, qui était auprès du Père avant que le monde ne soit créé. Il a *fait toutes choses* avec le Père[127], comme il est écrit : « J'existais avant la création du monde[128], *jouant sans cesse en sa présence, j'étais à l'œuvre auprès de lui[129]* quand il a tout créé. » Oui, *toutes choses ont été faites par* lui, *et rien de ce qui a été fait n'a été fait sans lui[130]*. Tout ce qui a été fait subsiste et demeure en lui, et par lui tout sera achevé.

Il est venu d'en haut dans son propre bien mais *les siens ne l'ont pas reçu. Mais à tous ceux qui l'ont reçu, il a donné le pouvoir de devenir enfants de Dieu[131]*. Quel grand amour que celui du Christ Jésus ! Le Fils éternel du Père a délaissé la gloire qu'il avait auprès du Père et qui était la sienne avant la fondation du monde, pour venir dans le monde *en prenant une forme de serviteur[132]*. Il a connu la pauvreté et la misère, il a été tenté, il a souffert, pour nous libérer de notre malheur et du joug de l'esclavage. Le Seigneur des seigneurs et le Roi des rois *pour nous s'est fait pauvre*, afin de *nous enrichir* en lui[133].

Voilà l'amour du Christ ! *Il a donné sa vie pour nous[134]* et s'est livré à la mort afin de nous libérer, nous qui méritions la mort. Il est écrit en effet : « *Il n'y a pas de plus grand amour que de donner sa vie pour ses amis. Vous êtes mes amis, si vous faites ce que je vous commande[135]. Je donne ma vie, afin de la reprendre. Personne ne me l'ôte, mais je la donne de moi-même[136].* »

C'est ainsi que le Christ nous a aimés : il s'est livré à [p.7] la mort. Oui, à la mort la plus ignominieuse, à savoir la mort sur une croix. Il a choisi de *devenir*

---

[127] Cf. Jn 1,1-3
[128] Cf. Pr 8,22
[129] Pr 8,30
[130] Jn 1,3
[131] Jn 1,11-12
[132] Ph 2,7
[133] 2Co 8,9
[134] 1Jn 3,16
[135] Jn 15,13-14
[136] Jn 10,17-18

malédiction pour nous[137]. Car il est écrit : « *Maudit est quiconque est pendu au bois ».*[138]

Oh ! Comment aurait-il pu nous aimer davantage ? Il est devenu si malheureux, si misérable en offrant sa mort et en versant son sang, afin de *renverser le mur de séparation*[139] et d'effacer *les ordonnances qui subsistaient contre nous*[140] et qui nous condamnaient ! Il nous a préparé et ouvert un accès sûr vers le Père, et acquis le salut auprès de lui. Tout ce qu'il a pris la peine de faire, il l'a accompli uniquement pour notre salut, afin que nous trouvions en Dieu notre bonheur[141]. Il a ôté le lourd fardeau qui pesait sur nous et dont nous ne pouvions nous délivrer nous-mêmes. Notre libération ne pouvait venir que de lui. Satan nous avait solidement entravés de ses liens. Comme *un homme fort et bien armé*[142], il nous retenait et nous gardait en son pouvoir, jusqu'à ce qu'advienne le temps fixé par Dieu − celui de la grâce −, qui a envoyé le puissant héros contre lequel personne ne peut rien, Jésus-Christ notre Seigneur. C'est lui qui a pris au diable sa puissance[143] ; il a défait les liens et ouvert la prison qui nous tenaient captifs[144] ; il a forcé le diable à lui obéir. Et nous, son peuple, il nous a sauvés[145], afin que nous ne nous attachions qu'à lui de tout notre cœur pour le servir, etc.

Ainsi donc, celui qui reconnaîtra l'amour de Dieu le Père et de son cher Fils, la grâce immense qui, par le Christ, pour nous s'est manifestée, s'y attachera fermement et sincèrement. Il tournera son cœur vers le Seigneur pour le servir, pour garder ses commandements, pour y trouver sa joie, pour *trouver son plaisir dans la loi de l'Eternel qu'il méditera jour et nuit*[146]. Il priera, et *aimera les préceptes*[147] de son Dieu. Il n'en craindra pas les conséquences, il ne s'en écartera pas et ne s'en laissera pas détourner. Comme il est écrit : « *Qui nous séparera de l'amour* de Dieu ? *Sera-ce*

---

[137] Ga 3,13
[138] Dt 21,23
[139] Ep 2,14
[140] Col 2,14
[141] Cf. Ep 3,12
[142] Lc 11,21
[143] Cf. He 2,14
[144] Cf. Ep 4,8
[145] Cf. Lc 1,68
[146] Ps 1,2
[147] Ps 119,119

la persécution, la mort, *la faim* ou la soif, la chaleur ou le froid, l'eau ou *l'épée* ? *Selon qu'il est écrit : On nous met à mort tout le jour et on nous regarde comme des brebis destinées à la boucherie. Mais dans toutes ces choses nous sommes plus que vainqueurs par celui qui nous a aimés »*[148]. Celui-là s'en tiendra fidèlement à la Parole du Seigneur et s'attachera à la volonté de Dieu, en sacrifiant sa propre volonté qu'il fera mourir avec le Christ[149]. Il l'anéantira complètement [p.8], il l'exécutera, afin que cette volonté soit entièrement renouvelée et transformée[150] et qu'il devienne une nouvelle créature en Christ Jésus. Il se confiera en Christ et se livrera corps et âme à Dieu.

Auparavant, il s'était *livré au péché* pour lui obéir et le servir et ne cessait de commettre l'iniquité. Désormais il a reconnu qui est Dieu ; il *s'est donné lui-même à Dieu* en lui offrant *ses membres comme des instruments de la justice*[151], *pour arriver à la sainteté*[152]. Maintenant, *ce n'est plus lui qui vit, c'est Christ qui vit en lui*[153], qui accomplit en lui tout ce qui plaît à Dieu afin que le Seigneur soit loué d'un cœur droit. Telle est la juste louange de Dieu : garder sa Parole et aimer son Nom de tout son cœur.

Aimons Dieu !

Nous aimons Dieu parce qu'il nous a aimés le premier[154] en envoyant son Fils dans ce monde. Par lui, il nous a sanctifiés et consacrés en vue d'un *sacerdoce* royal, afin d'offrir un sacrifice *spirituel qui lui soit agréable par Jésus-Christ*[155]. *Car l'amour de Dieu consiste à garder ses commandements, et ses commandements ne sont pas pénibles*[156]. Mais *celui qui dit* qu'il aime Dieu *et qui ne garde pas ses*

---

[148] Rm 8,35-37
[149] Cf. 2Co 5,17 ; Ep 4,23
[150] Cf. Rm 6,19
[151] Rm 6,13
[152] Rm 6,19
[153] Ga 2,20
[154] 1Jn 4,19
[155] 1P 2,5
[156] 1Jn 5,3

commandements est un menteur, et la vérité n'est point en lui[157]. Car celui qui aime Dieu *demeure en Dieu, et Dieu demeure en lui*[158]. Et *nous connaissons* que nous *demeurons en Dieu et lui en nous,* en ce que nous *gardons ses commandements*[159]. Et voici le principal de tous les commandements de Dieu : « *Ecoute, Israël, le Seigneur ton Dieu est l'unique.* Tu t'attacheras à lui et tu le serviras. *Tu l'aimeras de tout ton cœur, de toute ta pensée, de toute ton âme et de toute ta force ».*[160]

Oui, aimer Dieu, c'est accomplir tous ses commandements. Car j'aime Dieu de toutes mes forces quand je lui rends gloire et lui apporte ma louange avec tout ce que je fais[161]. Ainsi donc, dans tout ce que je me propose de faire, j'examine préalablement si je recherche et si je vais servir la gloire de Dieu. Et quand je discerne ou découvre que mon action le louera, alors je l'exécute joyeusement pour l'amour de Dieu, sans me préoccuper de ses conséquences pour ma vie. Par contre, si mon projet dessert la gloire de Dieu, c'est une œuvre vaine que je dois laisser tomber, afin que le nom de Dieu ne soit pas profané par ma faute. Peu importe que je sois haï pour cela ; ce qui compte, c'est que toutes mes actions se réalisent en Dieu.

Voici en quoi consiste *aimer Dieu de toute son âme*[162] : je dois opérer un discernement dans les paroles que [p.9] je vais dire et qui sortiront de ma bouche, pour qu'elles soient au service de la louange de Dieu et de l'édification de mon prochain, ainsi que Paul nous le recommande[163]. Il nous faut toujours dire une parole bonne à entendre, utile pour édifier le corps du Christ, conforme à la foi, au service de la confession et du témoignage rendus au Fils de Dieu, sans égard pour celui qui s'y opposerait. Comme il est écrit : *« J'ai cru, c'est pourquoi j'ai parlé ».*[164] Toute parole de foi, en effet, favorise l'édification dans l'esprit et la louange de Dieu.

Par contre si, après avoir examiné une parole, je n'estime pas qu'elle puisse glorifier Dieu ou édifier mon prochain, je dois la laisser tomber. Jacques conseille en

---

[157] 1Jn 2,4
[158] 1Jn 4,16
[159] 1Jn 3,24
[160] Dt 6,4-5 ; Mc 12,29-30
[161] Cf. 1Co 10,31 ; Col 3,17
[162] Mt 22,37 & par.
[163] Cf. Ep 4,29 ; 1Co 14,5-12 ; Rm 12,17 ; 1P 4,11
[164] 2Co 4,13 ; cf. Ps 116,10

effet de *tenir sa langue en bride*[165]. Il vaut mieux que je me taise, plutôt que de contrister par mes propos le Saint-Esprit de Dieu. Car « *celui qui parle beaucoup ne manque pas de* mentir »[166], dit le sage. Ce qui ne provient pas de la vérité s'oppose à Dieu. Le Saint-Esprit nous met donc en garde en nous disant : « *N'habitue pas ta bouche à* des paroles vaines *où se trouve la* pensée *du péché* ».[167]

Enfin, aimer Dieu de tout son cœur et de tout son esprit, c'est pour moi le louer par toutes mes pensées. Je ne dois laisser aucune place aux pensées pécheresses qui viennent de la chair ; je dois rejeter toute occasion de leur obéir. Je dois les combattre, de toutes mes forces, pour me tourner, avec l'aide de Dieu, vers le trône de sa grâce afin de trouver auprès de lui aide et délivrance. Seigneur ! *Délivre-moi du corps de cette mort !*[168] Que l'ennemi ne triomphe pas ! *Viens en hâte à mon secours !*[169]

Voilà de quelle manière tu seras en mesure de combattre le diable qui est en toi, avec toute sa méchanceté. C'est ce bon combat que Dieu veut nous voir livrer. Il nous y a préparés. Seul *l'athlète qui aura combattu suivant les règles sera couronné*[170]. Celui qui *aime Dieu de tout son cœur, de toute son âme, de toute sa pensée*[171] et de toute sa force, préfère mourir au monde ; il préfère mourir que de garder ne serait-ce qu'un instant une pensée inutile et vaine. Je n'ai pas besoin de préciser qu'il doit éviter les paroles et les gestes qui risqueraient de blasphémer le précieux Nom de Dieu. Il nous faut posséder cet amour pour notre Dieu et pour le Christ, pas seulement des lèvres, mais en manifestant sa puissance, parce que c'est lui qui, le premier, nous a tant aimés en son Fils et nous a témoigné de si grands bienfaits. Quiconque affirme aimer Dieu – c'est d'ailleurs ce que [p.10] prétend tout le monde – l'aime pour cette raison et doit le prouver dans ses actes, comme il est écrit : « *Si quelqu'un m'aime, il gardera ma parole*[172] et marchera selon mes lois ».

---

[165] Jc 1,26
[166] Pr 10,19
[167] Si 23,13
[168] Rm 7,24
[169] Ps 22,20 ; 40,14 ; 70,2 ; 71,12
[170] 2Tm 2,5 ; cf. 2Tm 4,7-8
[171] Mt 22,37 & par.
[172] Jn 14,23

Cet amour qui fait les œuvres de Dieu rend l'homme vivant par la foi. *Quiconque aime* ainsi *est né de Dieu*[173].

Aimons-nous les uns les autres !

Par conséquent, celui qui *aime Dieu qui l'a engendré*, doit aussi aimer tout homme *qui est né de lui*[174]. En d'autres termes, *que celui qui aime Dieu aime aussi son frère*[175]. *Si quelqu'un dit : J'aime Dieu, et qu'il n'aime pas son frère, c'est un menteur ; car celui qui n'aime pas son frère qu'il voit, comment peut-il aimer Dieu qu'il ne voit pas ?*[176] Voilà pourquoi un homme de Dieu doit être débordant d'amour fraternel. Comme il est écrit : « *Par amour fraternel, soyez pleins d'affection les uns pour les autres.* »[177] Le Christ nous a aussi commandé de devenir serviteurs les uns des autres[178]. Quand l'heure fut venue pour Jésus de quitter ce monde et de retourner vers son Père, il dit à ses disciples : « *Je vous donne un commandement nouveau : Aimez-vous les uns les autres. Le monde vous haïra mais vous, aimez-vous les uns les autres. A ceci tous connaîtront que vous êtes mes disciples, si vous avez de l'amour les uns pour les autres.* »[179]

L'amour fraternel consiste à donner sa vie pour les autres, comme le Christ a donné la sienne pour nous tous, *nous laissant un exemple afin que nous suivions ses traces*[180]. Désormais, je ne vivrai donc plus pour moi seul mais pour servir mes frères ; mon existence ne se consacrera plus à rechercher ce qui me plaît, mais ce qui convient à mes frères pour les aider à s'améliorer. J'aurai des égards pour mes frères, je veillerai à ce qu'ils ne soient pas attristés ou blessés par mes gestes ou mes propos[181]. Car chaque fois que j'afflige mon frère, je manque d'amour. Or quiconque

---

[173] 1Jn 4,7
[174] 1Jn 5,1
[175] 1Jn 4,21
[176] 1Jn 4,20
[177] Rm 12,10
[178] Cf. Jn 13,14-15
[179] Jn 13,34-35
[180] 1P 2,21
[181] Cf. Rm 14,15.21

ne marche pas dans l'amour *demeure dans la mort et les ténèbres*[182]*. Quiconque hait son frère,* écrit Jean, *est un meurtrier, et nous savons qu'aucun meurtrier n'a la vie éternelle demeurant en lui.* [183] Mais celui qui aime son frère *est passé de la mort à la vie, parce qu'il aime les frères*[184]. C'est pourquoi aimons tout homme, non pas *en paroles et avec la langue, mais en actions et avec vérité*[185]. En effet, *si quelqu'un possède les biens du monde et que, voyant son frère dans le besoin,* il ne partage pas le nécessaire avec lui, *comment l'amour de Dieu demeure-t-il en lui ?*[186] Il n'a que l'amour de Caïn, *qui était du malin et qui tua son frère. Parce que ses œuvres étaient mauvaises, et que celles de son frère étaient justes*[187].

[p.11] Le Christ, notre Maître, s'est offert pour nous en se donnant entièrement, véritablement, avec tout ce qu'il possédait. Il n'a rien retenu pour lui-même, comme il le dit : « Je vous ai donné tout ce que le Père m'a donné. »[188] Il est devenu nôtre avec tous ses bienfaits, et nous sommes devenus siens. Il est en nous, et nous pouvons demeurer et marcher en lui. A notre tour, nous devons donc nous donner à nos frères, ne rien garder pour nous, ne les priver de rien, mais nous offrir librement à eux avec amour, par toute notre vie et tout ce que nous possédons, afin que *tous nous soyons un*[189], que nous formions un corps indivisible dont le Christ Jésus est la tête[190].

Celui qui demeure dans cet amour demeure en Christ, et Christ demeure en lui. Et celui qui demeure en Christ portera du fruit pour la vie éternelle[191]. Mais « *si quelqu'un ne demeure pas en moi,* dit le Seigneur, *il est jeté dehors* pour qu'*il sèche et brûle* »[192]. Tel sera l'aboutissement et le salaire d'une vie pleine d'hypocrisie et de fausseté, comme on en trouve beaucoup dans le monde.

---

[182] 1Jn 2,11 ; 3,14
[183] 1Jn 3,15
[184] 1Jn 3,14
[185] 1Jn 3,18
[186] 1Jn 3,17
[187] 1Jn 3,12
[188] Cf. Jn 17,7-8
[189] Jn 17,21
[190] Cf. Ep 4,15 ; Col 1,18
[191] Cf. Jn 15,8-9
[192] Jn 15,6

L'amour fraternel jaillira de cœurs sincères, purs et entiers. Il doit être sans mélange pour demeurer dans la vérité[193]. Dieu, en effet, connaît ce qui se cache en l'homme, puisqu'il *sonde les cœurs et les reins*[194]. Les apparences extérieures et trompeuses, aussi belles soient-elles, n'ont aucune valeur devant lui. On ne se moque pas de Dieu. Il réclame de notre part un cœur sincère et nouveau, ainsi qu'il est écrit : « *Tu ne dédaignes pas un cœur brisé et broyé.* »[195]

Ce que Dieu veut, c'est être glorifié par l'esprit, le cœur et la conscience. Puisqu'il est Esprit, il n'a que faire des rites extérieurs qui ne viennent pas du cœur, mais qui représentent pour lui des abominations, aussi beaux et somptueux soient-ils. Quand la foi vient du cœur et montre sa force par les œuvres, elle *est agréable* à Dieu et *de bonne odeur* devant sa gloire[196].

Voici le second commandement, qui est semblable au premier : Tu aimeras ton prochain comme toi-même. De ces deux commandements dépendent toute la loi et les prophètes[197]. Oui, la loi dans sa totalité : tu ne tueras pas, tu ne voleras pas, tu ne porteras pas de faux témoignage, tu ne forniqueras pas, tu ne commettras pas d'adultère, tu ne diras pas de mal, tu ne convoiteras pas. Ces commandements et tous les autres, quels qu'ils soient, sont accomplis dans cette seule parole : *Tu aimeras ton prochain comme toi-même*[198].

Le Christ nous apprend en quoi consiste l'amour du prochain [p.12] quand il déclare : « *Tout ce que vous voulez que les hommes fassent pour vous, faites-le de même pour eux*[199], vous accomplirez ainsi la loi de Dieu ». Effectivement, personne ne désire subir le mal, et tous aimeraient se voir témoigner de la bonté de la part des autres. Avant tout, nous devons donc témoigner à tous de l'amour, du dévouement et leur faire du bien avec une entière obéissance. Ils nous observeront et, de cette manière, ils n'outrageront pas l'honneur de Dieu. C'est pourquoi, nous servons

---

[193] Cf. 1P 1,22
[194] Jr 17,10 ; 20,12
[195] Ps 51,19 ; 34,19
[196] Cf. Ph 4,18
[197] Mt 22,39-40
[198] Lv 19,18 ; cf. Rm 13,8
[199] Mt 7,12

volontairement tout homme au nom du Christ, pour que le Seigneur soit glorifié[200] à travers nous parmi les païens. En constatant notre empressement à servir, ils n'auront plus aucune raison de blasphémer.

Un tel amour découle de l'amour fraternel, comme Pierre nous le fait savoir : « *Joignez à votre foi la vertu, à la vertu* la modestie, à la modestie *la piété, à la piété l'amour fraternel, à l'amour fraternel la charité, car si ces choses sont en vous, elles ne vous laisseront pas oisifs ni stériles pour la connaissance* de Dieu et *du Christ.* »[201] Ainsi, tout homme qui est né de Dieu est volontiers disposé à témoigner sans cesse à son prochain de l'amour, du dévouement et toutes sortes de bienfaits, sans se plaindre.

Mais tu diras peut-être : « *Qui est mon prochain ?* »[202] Le Christ te l'apprend parfaitement dans l'Evangile avec cette histoire : « *Un homme descendait de Jérusalem à Jéricho. Il tomba au milieu des brigands qui le chargèrent de coups et le laissèrent* avec ses blessures *à demi-mort. Un prêtre qui, par hasard, descendait par le même chemin, ayant vu cet homme, passa outre. Un lévite* fit de même. *Mais un Samaritain qui voyageait* sur la même route, *fut ému de compassion lorsqu'il le vit. Il s'approcha, versa de l'huile et du vin* sur ses plaies, le prit avec lui, *le conduisit à une hôtellerie et prit soin de lui. Le lendemain,* avant de repartir, *il tira* une pièce de sa poche, *la donna à l'hôte et dit : Aie soin de lui, et ce que tu dépenseras de plus, je te le rendrai à mon retour. Lequel de ces trois a été le prochain* du blessé ? »[203]

Ecoute bien ce qui est répondu : « *C'est celui qui a exercé la miséricorde envers lui.* »[204] Il nous faut donc reconnaître que nous sommes tous le prochain de quelqu'un d'autre : soit en tant que celui qui a besoin d'aide, soit en tant que celui qui offre son aide ; il n'y a pas d'exception.

En outre, celui qui cherche à atteindre la perfection doit aimer ceux qui le haïssent et qui le méprisent. Le Christ nous y exhorte en disant : « *Il a été dit aux anciens : Tu aimeras ton prochain, et tu haïras ton ennemi. Mais moi, je vous dis :*

---

[200] Cf. Mt 5,16 ; 2Th 1,12 ; 1P 2,12 ; 3,16 ; 4,11
[201] 2P 1,5-8
[202] Lc 10,29
[203] Lc 10,30-36
[204] Lc 10,37

Aimez vos [p.13] *ennemis, faites du bien à ceux qui vous haïssent, bénissez ceux qui vous maudissent, priez pour ceux qui vous maltraitent, afin que vous soyez fils de votre Père qui est dans les cieux ; car il fait lever son soleil sur les bons et les méchants, et il fait pleuvoir sur les justes et sur les injustes. »*[205]* Dieu fait de même : c'est par *sa patience* qu'il *pousse* les pécheurs *à la repentance*[206].

Ses enfants marcheront donc en suivant l'Esprit de Dieu et en devenant ses disciples, comme Paul l'enseigne : « *Devenez donc les imitateurs de Dieu, comme ses enfants bien-aimés.* »*[207]* Ils conduiront leurs ennemis et leurs adversaires à la justice par cette patience, en rendant le bien pour le mal[208], ainsi qu'il est écrit : « *Si ton ennemi a faim, donne-lui à manger ; s'il a soif, donne-lui à boire ; car en agissant ainsi, ce sont des charbons ardents que tu amasseras sur sa tête.* »*[209]*

Il se pourrait bien que l'ennemi soit amené par cette bienveillance[210] à rentrer en lui-même et à penser : « Je fais du mal à cette personne, je suis très méchant avec elle. Pourtant, en retour, elle est bonne et serviable envers moi, et me témoigne de l'amitié. Que vais-je faire ? Je vais me convertir et faire comme elle. Je vais abandonner le mal et rechercher ce qui est bien. Pourquoi continuerais-je à vivre dans la méchanceté, à l'encontre de la volonté de Dieu ? »

Dans ce cas, quand quelqu'un devient bon grâce à ton influence, tu as fait passer une âme de la mort à la vie[211], et Dieu te récompensera. Dans le cas contraire, en remarquant que tu lui a rendu le bien pour le mal, ton ennemi se dit en ne laissant rien paraître: « Cette personne supporte tout ce que je lui fais méchamment subir avec patience, et pourtant elle veut me faire du bien. Elle est plus juste que moi. » Ta bonté devient un témoignage contre lui. Il *amasse un trésor de colère pour le jour du jugement de Dieu*[212]. A moins que, après l'avoir reconnue, il ne s'améliore et ne se repente.

---

[205] Mt 5,43-45 ; cf. Rm 12,14
[206] Rm 2,4
[207] Ep 5,1
[208] Cf. Rm 12,17 ; 1Th 5,15
[209] Rm 12,20 ; cf. Mt 5,44
[210] Cf. He 10,24
[211] Cf. Jc 5,20
[212] Rm 2,5

Cet amour *est le lien de la perfection*[213]. Celui qui en est rempli plaît à Dieu et aux hommes. Quand il le faut, il marche et demeure en Dieu et Dieu en lui. Ses actions et son existence trouvent leur fin en Dieu. La lumière de Dieu l'a illuminé ; il en est entouré. Il marche dans la lumière de la grâce divine et aucune ténèbre ne l'enveloppera plus. Une grande lumière éclatante et éblouissante a illuminé son cœur. Gardé par le Saint-Esprit, il se sait assurément conduit à la paix des saints.

Par contre, celui qui ne possède pas cet amour est un aveugle qui cherche un mur en tâtonnant [p.14]. Il ne sait pas qu'il va tomber dans le gouffre de l'enfer qui est tout près de lui.

L'amour

On vient de beaucoup parler de l'amour, de telle sorte qu'il soit bien connu. On va montrer maintenant en quoi il consiste, afin que nul ne prétende avoir l'amour en lui quand ce n'en serait qu'une apparence.

Par sa nature, l'amour ne saurait rester caché, puisqu'il est lumière. Il faut qu'il brille et se manifeste concrètement en touchant tout homme par le service et la bonté. L'amour fait du bien à tous. Il est serviable, amical, doux, modéré, conciliant, humble, chaste, tempérant, modeste, miséricordieux, fraternel, cordial, *plein de bonté*, compatissant, aimable, soumis, *patient*, fidèle et pacifique. L'amour n'est pas récalcitrant, ni fier, ni *enflé d'orgueil*, ni *vantard*, ni *jaloux*, ni ivre, ni obstiné, ni désobéissant, ni menteur, ni querelleur, ni voleur. Il n'est pas médisant, il ne se met pas en colère, *il ne s'irrite pas*, il n'est pas perfide, il ne méprise personne. Il supporte tout, il endure tout, il ne se venge pas, il ne rend pas le mal pour le mal, il *ne se réjouit pas de l'injustice mais trouve sa joie dans la vérité*[214]. Il fait ce que Dieu fait.

On peut le comparer à un feu qui s'étouffe rapidement quand il n'est pas bien allumé, ou quand on l'a trop chargé de bois, comme c'est souvent le cas. Mais s'il a bien démarré, plus on ajoute du bois mieux il flambe, au point de pouvoir brûler des

---

[213] Col 3,14
[214] Cf. 1Co 13,4-6

maisons, des villages et des forêts. Par contre, quand il n'a plus de bois, il s'éteint de nouveau et se refroidit.

Il en est de même de l'amour. Au début, quand il vient de s'allumer dans le cœur de l'homme, il s'étouffe, puis s'éteint quand survient une petite épreuve ou une tentation. Mais quand il brûle bien dans le cœur de l'homme, rendu ardent selon Dieu, plus il est confronté à des tentations ou à des épreuves, plus il s'enflamme. Il arrive alors à consumer et à vaincre toute injustice. Par contre, quand on ne le pratique plus, quand on le néglige, alors l'amour s'éteint une nouvelle fois et refroidit le cœur de l'homme. La foi diminue, les bonnes œuvres cessent, et l'homme ressemble à un arbre mort, tout juste bon à être *jeté au feu*, comme Jésus le dit[215].

Cet amour trouve sa source dans la foi. Là où il n'y a pas de foi, il ne peut pas y avoir d'amour. De même, là où il n'y a pas d'amour, il ne peut pas y avoir de foi. L'un sans l'autre ne saurait plaire à Dieu.

La foi

[p.15] *La foi est une ferme assurance des choses qu'on espère, une démonstration* et une appréhension certaine *de celles qu'on ne voit pas*[216]. Elle vainc le monde, le diable et la chair. Elle indique la bonne direction pour conduire à Dieu. Elle fonde toute espérance, ainsi que la purification du cœur, pour que l'homme selon Dieu devienne pur, saint et pieux. La foi est aussi une justification, car par la foi en Christ nous méritons de devenir fidèles et justes devant Dieu[217].

La foi est une puissance par laquelle tout devient possible et rien n'est impossible. Le Christ nous l'a montré. Il dit : « *Si vous aviez de la foi comme un grain de sénevé, vous diriez à cette montagne : Transporte-toi d'ici là* et jette-toi dans la mer, *et cela se produirait.* »[218] Et encore : « *Qu'il te soit fait selon ta foi.* »[219]

---

[215] Mt 7,19
[216] He 11,1
[217] Cf. Rm 3,22-24
[218] Mt 17,20
[219] Mt 8,13 ; 9,29 ; 15,28

La foi donne ainsi une assurance à la conscience quand elle s'appuie fermement sur les promesses de Dieu et quand elle se repose en elles. Elle apporte une confirmation à la prière, parce que Dieu ne dédaigne pas la prière de celui qui croit ; il accède à sa requête quand elle vient de la foi. Comme le dit Jean : « *Nous savons que nous possédons la chose que nous lui avons demandée.* »[220]

Paul nous apprend que la foi est une *puissance* qui produit la *justice*[221] et qui accomplit sans peine toute la volonté de Dieu. Celui qui prétend ne pas pouvoir accomplir la volonté de Dieu montre qu'il n'a pas la foi, c'est un incroyant. Car *tout est possible à celui qui croit*[222]. Il lui est facile de marcher sur les traces du Christ. Comme il le dit : « *Mon joug est doux et mon fardeau léger.* »[223] Celui qui ne croit pas cette parole fait de Jésus un menteur. Il le prend pour un fou qui nous chargerait de fardeaux impossibles à porter, alors qu'il nous a offert le plus léger qu'il pouvait. En fait, c'est lui qui s'est chargé et a porté le lourd fardeau que nous aurions été incapables de porter ni même de remuer. Et le poids de l'ensemble des commandements de la loi, il l'a remplacé par un seul commandement, celui de l'amour[224]. Désormais, il nous est plus facile de nous en saisir et d'atteindre le but.

Celui qui croit tout cela confirme et rend témoignage que Dieu est véridique dans toutes ses promesses. Il *vivra par la foi*[225]. Mais on ne peut pas croire tant que l'on n'a pas reconnu la puissance, la force, l'amour et la fidélité de Dieu à notre égard. Comme l'écrit Paul : « *Comment croiront-ils* sans avoir *entendu ?* »[226]

Dieu a donc envoyé son propre Fils dans le [p.16] monde. Il nous a annoncé et fait connaître le nom de Dieu notre Père, afin que nous croyions et mettions en lui notre espérance[227]. Comme il est écrit : « J'annoncerai ton nom à mes frères et *je te louerai dans la grande assemblée.* »[228] Et encore : « *J'ai fait connaître ton nom aux*

---

[220] 1Jn 5,15
[221] Rm 1,16-17
[222] Mc 9,23
[223] Mt 11,30
[224] Cf. Rm 13,9
[225] Ha 2,4 ; Rm 1,17 ; Ga 3,11
[226] Rm 10,14
[227] Cf. 1P 1,21
[228] Ps 35,18

hommes. »[229] Jean dit aussi : « *Personne n'a jamais vu Dieu ; le Fils unique, qui est dans le sein du Père, est celui qui* nous *l'a fait connaître*[230]. Et nous avons cru et témoigné *que Dieu est lumière*[231] et nous savons que notre témoignage est véridique. »

Le Christ a communiqué si clairement la volonté de Dieu, qu'il ne reste rien qu'il ne nous ait fait connaître. Non seulement il nous a parlé, mais il a agi pour nous ; il a accompli des oeuvres puissantes et nous a révélé le chemin de la vie pour que nous devenions ses disciples. Il *s'est rendu obéissant* au Père *jusqu'à la mort, et la mort de la croix*, qu'il a subie pour notre péché. C'est pourquoi il est ressuscité comme Seigneur et *souverainement élevé*. Dieu *lui a donné le nom qui est au-dessus de tout nom, afin qu'au nom de Jésus tout genou fléchisse dans les cieux, sur la terre et sous la terre, et que toute langue confesse qu'*il a été fait *Seigneur*[232] *des seigneurs et Roi des rois*[233]. Son Royaume demeure pour l'éternité, il n'aura pas de fin. Comme il est écrit : « *J'ai oint mon roi sur Sion, ma montagne sainte.* »[234]

Cette montagne de Sion, c'est la communauté des croyants unie par le Saint-Esprit, édifiée et assemblée dans l'amour et l'unité de la foi. Elle est consacrée à Dieu par le sang du Christ pour devenir une sainte demeure. Le Christ, après sa résurrection et avant de prendre possession du ciel, est apparu à ses disciples et leur a commandé de devenir témoins devant le peuple de tout ce qu'ils avaient vu et entendu. Il leur a dit : « *Allez par tout le monde et prêchez la bonne nouvelle à toute la création. Celui qui croira et qui sera baptisé sera sauvé, mais celui qui ne croira pas sera condamné.* »[235]

Là encore, le Christ se conforme à la manière de faire et à la sagesse de son Père. En créant le monde, le Père a tout disposé selon un ordre juste où tout était bien agencé. Il a d'abord créé la terre, puis l'herbe issue de la terre comme nourriture pour le bétail. Il fallait que les animaux trouvent à manger et ne manquent de rien. Ensuite,

---

[229] Jn 17,6
[230] Jn 1,18
[231] 1Jn 1,5
[232] Ph 2,8-11
[233] 1Tm 6,15
[234] Ps 2,6
[235] Mc 16,15-16 ; cf. Mt 28,19

ce bétail, créé avant l'homme, il l'a donné comme nourriture à l'être humain. Ainsi, chaque créature recevait ce qui lui était nécessaire [p.17] avant même d'être créée. Dieu a procédé avec sagesse en toutes ses œuvres. Il voulait que le monde vienne à l'existence dans un ordre juste[236].

Le Christ a fait de même pour la proclamation de ses bienfaits aux enfants des hommes. Il a instauré un ordre juste. Il a commencé par envoyer ses disciples en leur disant : « *Allez !* » Puis il leur a ordonné de *prêcher l'Evangile*[237]. Ils ne devaient pas partir de leur propre initiative. Il fallait que leur mission reçoive sa force de leur envoi pour qu'elle puisse porter du fruit. Paul fait aussi allusion à cette sagesse : « *Comment en entendront-ils parler, s'il n'y a personne qui prêche ? Et comment y aura-t-il des prédicateurs, s'ils ne sont pas envoyés ? N'ont-ils pas entendu ? Leur voix est allée par toute la terre, et leurs paroles jusqu'aux extrémités du monde. Ainsi, la foi vient de ce qu'on entend, ce qu'on entend vient* de la prédication, mais la prédication *vient de la parole* de Dieu. »[238]

La proclamation de la Parole

Aujourd'hui encore, la voix de ceux qui sont enseignés, choisis et envoyés par Dieu est écoutée par les cœurs de ceux qui croient. Elle n'annonce pas ce qui lui est propre mais la Parole de Dieu. Les croyants l'écoutent joyeusement avec leurs oreilles, mais aussi avec leur cœur et ils suivent ses appels. Comme le dit le Christ : « *Mes brebis entendent ma voix*[239], mais *la voix des étrangers*[240], elles ne l'écoutent pas. *Je marche devant elles et elles me suivent*[241], car *je connais mes brebis et elles me connaissent*[242]. »

On peut en conclure que, jusqu'à présent, un grand nombre de prédicateurs, voire la plupart, sont partis sans avoir été envoyés par Dieu. Ils n'étaient donc pas les

---

[236] Cf. Gn 1,9-31
[237] Mc 16,15
[238] Rm 10,14-18
[239] Jn 10,3
[240] Jn 10,5
[241] Jn 10,4
[242] Jn 10,14

bergers du troupeau mais des mercenaires, qui ne recherchaient que leur profit et non pas celui des brebis. Leur prédication n'a permis aucun progrès. Ils n'annonçaient pas la Parole de Dieu mais le fruit de leur imagination, en cachant leurs mensonges sous prétexte de paroles divines.

Voilà pourquoi les brebis ne les ont pas écoutés. Car la Parole de Dieu, quand elle est proclamée dans sa pureté, « *ne retourne pas sans effet, sans avoir exécuté ma volonté* »[243], dit le Seigneur.

Ainsi, quand le Christ a voulu envoyer des bergers à ses brebis, pour qu'ils les conduisent fidèlement, il leur a dit : « *Allez par tout le monde, prêchez* et annoncez *l'Evangile* »[244] – à savoir, « le juste message de ma part, ce que je vous ai fait connaître de bon, ainsi que le témoignage de votre salut par ma mort », comme on l'a déjà dit trois fois.

Le baptême

« Celui qui croit, celui qui reçoit votre parole, *que votre paix vienne sur lui*[245], dit le Christ, cette paix que vous proclamez et que je lui donnerai. Il sera baptisé quand il se soumettra à votre parole et deviendra participant de mes souffrances et de ma mort en faisant mourir sa propre chair. »

C'est effectivement ce qui se passe dans le baptême [p.18], comme le dit Paul : « *Nous tous qui avons été baptisés, c'est en sa mort que nous avons été baptisés.* »[246] Et encore : « *Vous tous, qui avez été baptisés en Christ, vous avez revêtu Christ.* »[247] Oui, ceux qui reçoivent le baptême sont transformés pour devenir *en Christ de nouvelles créatures*[248]. Ils ne *vivent plus pour eux-mêmes*[249], mais ils vivent par Jésus-Christ pour Dieu.

---

[243] Es 55,11
[244] Mc 16,15
[245] Mt 10,13
[246] Rm 6,3
[247] Ga 3,27
[248] 2Co 5,17
[249] 2Co 5,15

« Celui qui fait ainsi sera sauvé. Mais celui qui ne croit pas, qui ne reçoit pas votre parole et le témoignage que vous me rendez, montre par là même qu'il *n'en est pas digne. Que votre paix retourne à vous* ; elle ne restera pas en lui. *Sortez de cette maison et secouez la poussière de vos pieds, en témoignage contre lui*[250]. *Je vous le dis en vérité : au jour du jugement, le pays de Sodome et de Gomorrhe sera traité moins rigoureusement*[251] que cet homme, car il est condamné. »

Voilà donc, selon le fondement suffisant de l'Ecriture, à quoi pense le Christ quand il nous donne son commandement. Un cœur pieux est capable de savoir ce qu'il doit faire pour obéir au Christ.

Cependant, afin que ce soit bien clair, je vais encore citer un passage. Pour rester concis, je laisse de côté les autres, qui sont pourtant nombreux. Pierre évoque *les jours de Noé, pendant la construction de l'arche, dans laquelle un petit nombre de personnes, c'est-à-dire huit, furent sauvées à travers l'eau* par la Parole de Dieu. *Cette eau était une figure du baptême, qui n'est pas la purification des souillures du corps, mais l'engagement d'une bonne conscience envers Dieu*[252]. Je comprends ici que je bénéficie d'un Dieu qui me fait grâce, qui a pardonné mon péché, qui m'a accueilli dans l'assemblée de ses saints, qui me considère comme l'un des siens et qui veut devenir mon Père. Sachant cela, je fais alliance avec lui en décidant dorénavant de marcher selon sa volonté, sans la transgresser. Je maintiens mon cœur dans l'espérance de la grâce de Dieu, et je m'abandonne avec assurance à sa promesse.

Telle est l'alliance du baptême. Un enfant ne saurait s'y engager, puisqu'il ne connaît ni le bien ni le mal. Le baptême des enfants n'a rien à voir avec le baptême. C'est un bain sans utilité. Ce n'est pas le rite extérieur qui fait le baptême, mais ce qui se passe dans le cœur et dans la conscience, et qui renouvelle l'être humain. Le signe extérieur vient après. Il m'inscrit dans *le livre de vie*[253] et m'incorpore dans le Corps du Christ, dans sa sainte Eglise, dans la communauté des saints.

---

[250] Lc 9,5
[251] Mt 10,14-15
[252] 1P 3,20-21
[253] Ph 4,3

Puisque Pierre dit que l'arche est *une figure du baptême*[254], je vais brièvement parler de ce qu'elle nous apprend. Dieu donna l'ordre [p.19] à Noé de la construire en prévision du déluge. Il lui dit : « *Fais-toi une arche* pour te protéger avec toute ta famille, car je vais détruire et faire périr le monde. »[255] Il indiqua à Noé les dimensions de l'arche, sa forme, sa grandeur et sa hauteur, sa longueur et sa largeur. Il lui montra comment la construire. Il lui accorda même le temps nécessaire pour la fabriquer, à savoir 130 ans. Noé obéit à Dieu. Il ne modifia pas ses commandements. *Il exécuta* exactement *tout ce que Dieu lui avait ordonné*[256], avec une foi ferme. C'est pourquoi il fut protégé avec tous les siens, selon la promesse que Dieu lui avait faite[257]. S'il n'avait pas écouté attentivement la voix de Dieu, s'il avait construit l'arche à son idée au lieu de suivre les indications de Dieu, elle ne lui aurait servi à rien. Il aurait péri avec tous les autres.

De même, le Christ nous a donné l'ordre de baptiser. Il nous a fait savoir comment user correctement du baptême et comment le célébrer. Désormais, tout homme qui écoute sa voix et qui reçoit le baptême selon son commandement, avec une foi ferme en sa promesse, sera *gardé pour le salut*[258]. Mais celui qui n'écoute pas la voix du Christ, qui néglige le baptême ou qui le reçoit d'une autre manière que celle que le Christ a ordonnée, mourra avec les incrédules. Car Dieu veut que l'on exécute strictement son commandement, sans rien changer. Comme il le dit à Moïse : « *Regarde, et fais d'après le modèle que je t'ai montré sur la montagne.* »[259]

La colère demeure sur ceux qui ont été désobéissants depuis le commencement du monde et qui ont changé les commandements de Dieu, même dans une bonne intention. Ce fut le cas pour Saül[260] et pour le prophète que Dieu envoya de Juda à Béthel pour prophétiser[261].

---

[254] 1P 3,21
[255] Cf. Gn 6,14-18
[256] Gn 6,22
[257] Cf. Gn 8,1
[258] 1P 1,5
[259] Ex 25,40 ; cf. 26,30
[260] Cf. 1S 15
[261] Cf. 1R 13

On ne peut donc tolérer le baptême des enfants, même avec une bonne intention. Car Dieu veut que sa volonté soit faite, et non la nôtre.

Le baptême des enfants

Le Christ dit: « *Toute plante que n'a pas plantée* Dieu, *mon Père céleste, sera déracinée.* »[262]

Il est évident et amplement prouvé que le baptême des enfants n'a pas été institué par Dieu mais par l'antéchrist, le fils de la perdition, qui est le pape. On peut s'en rendre compte en consultant les décrets pontificaux. Et pourtant, de nos jours, tous se font la guerre et combattent pour cette cause, en s'imaginant que leur argumentation se fonde sur la Parole de Dieu. Pourtant, quand on prend la peine de scruter leurs arguments, on se rend compte que tous s'écartent de l'Ecriture, autant que le ciel de la terre.

Chacun s'appuie fermement sur un seul passage scripturaire qu'il ressasse [p.20] continuellement. Il s'en contente et pense par ce moyen convaincre les autres. Mais à y regarder de près, son argumentation s'effondre d'elle-même. Voilà juste de quoi il s'agit : les apôtres auraient baptisé des familles entières, au sein desquelles des enfants auraient reçu le baptême. Or nous pouvons comprendre par les textes eux-mêmes quels sont les membres de ces familles qui ont été baptisés, et ceux qui ne l'ont pas été.

Alors que Paul se trouvait en prison à Philippes, il priait pendant la nuit. Il y eut soudain un tremblement de terre qui ouvrit les portes de la prison. *Les liens des prisonniers furent rompus. Le geôlier se réveilla* de son sommeil et, *lorsqu'il vit les portes de la prison ouvertes, pensant que les prisonniers s'étaient tous enfuis, il tira son épée et allait se tuer.* Mais Paul cria : « *Ne te fais point de mal, nous sommes tous ici.* » *Alors le geôlier, ayant demandé de la lumière, entra précipitamment* en tremblant et dit : « *Seigneurs, que faut-il que je fasse ?*» Paul lui répondit : « *Crois au Seigneur Jésus !* » Alors le geôlier les invita dans sa maison, *il lava leurs plaies* et les

---

[262] Mt 15,13

fit asseoir à table. Paul lui annonça la Parole de Dieu, *ainsi qu'à tous ceux qui étaient dans sa maison. Le geôlier crut et fut baptisé, lui et tous les siens*[263].

Une distinction est faite ici entre les membres de la famille qui furent baptisés et ceux qui ne le furent pas. Ceux qui ont obéi à Dieu en croyant aux paroles de Paul ont reçu le baptême. On ne saurait donc en conclure qu'un enfant ait fait partie de ceux-là. Leur argumentation repose en fait sur du sable et ne peut que s'effondrer, bien que beaucoup l'estiment solidement fondée et que les sages de ce monde la soutiennent doctement. Ce n'est pas en vain que le Seigneur les a dénoncés par la bouche de ses serviteurs, les prophètes : « *L'Eternel connaît les pensées* des sages, *il sait qu'elles sont vaines.* »[264] Et aussi : *Il prend les sages dans leur propre ruse*[265].

En fait, voilà pourquoi tous se querellent : ils ne veulent pas reconnaître leurs torts et s'humilier devant Dieu. Ils recherchent leur propre gloire avant celle de Dieu. Ils pensent découvrir la sagesse de Dieu par leur sagesse. Le Seigneur a donc permis que, par l'aveuglement de leurs cœurs, ils fassent de la vérité un mensonge et du mensonge la vérité, de ce qui est droit ce qui est tordu et de ce qui est tordu ce qui est droit, de la lumière les ténèbres et des ténèbres la lumière.

Cependant, un cœur pieux et simple qui aime Dieu saura, à partir de ce que j'ai exposé, faire la distinction entre le mensonge et la vérité. Je suis resté bref, j'ai présenté le sujet en quelques mots. Je n'ai pas beaucoup écrit sur la question, mais d'autres, unanimement, démontrent la même chose. On peut trouver ce qu'ils ont écrit et le comparer avec ce que j'ai dit. Pour ma part, j'ai préféré faire court [p.21] pour ne pas lasser par une abondance de mots, et pour maintenir l'attention de mon lecteur.

Dieu accorde sa grâce à tous les cœurs simples. Il les conduit dans une ferme confiance en sa Parole, afin qu'ils saisissent la béatitude qui leur est promise, avec tous les saints, par Jésus-Christ son Fils bien-aimé. Amen.

---

[263] Cf. Ac 16,23-34
[264] Ps 94,11
[265] Jb 5,13

Que le Dieu éternel, notre Père miséricordieux, le Père de toutes grâces et le *Dieu de la consolation*[266], ouvre les yeux et les oreilles de votre intelligence. Puissiez-vous discerner et reconnaître sa volonté éternelle qui est écrite dans vos cœurs ! Amen.

---

[266] Rm 15,5

Le Symbole des Apôtres

Je crois en Dieu

Je crois en Dieu, le Père tout-puissant, Créateur du ciel et de la terre.

Dieu – pour son honneur et pour sa gloire –, ne pouvait se contenter de rester seul. Il ne voulait recevoir de louange que de la part des œuvres de ses mains, afin qu'elles le reconnaissent comme leur Père, leur Créateur, et l'origine de leur existence. Il a donc créé l'être humain, destiné à le connaître, et à lui rendre la louange, l'honneur, la gloire et l'action de grâce qui lui sont dus. C'est par lui en effet que l'homme reçoit l'être, la vie et la protection.

Pour que Dieu puisse être reconnu par les humains, il fallait auparavant qu'existe quelque chose qui rende visible et reconnaissable sa puissance. *Au commencement, Dieu créa* donc *les cieux et la terre*[267]. Il a créé les cieux et la terre par sa parole.

Il existait encore *des ténèbres à la surface de l'abîme*[268]. Dieu a commandé à la lumière de sortir des ténèbres, et il en fut ainsi. *Ainsi, il y eut un soir, et il y eut un matin : ce fut le premier jour*[269].

Il sépara ensuite *les eaux d'avec les eaux.* Il mit les unes dans le firmament, et les autres sur la terre. Il sépara la terre et l'eau. Il *appela le sec terre, et il appela l'amas des eaux mers. Il y eut un soir, et il y eut un matin : ce fut le second jour*[270].

Puis Dieu créa *de la verdure, de l'herbe* verte. *Il y eut un soir, et il y eut un matin : ce fut le troisième jour*[271].

Il *fit les deux grands luminaires,* l'un pour éclairer le jour, qu'il appela le soleil, et l'autre pour la nuit, qu'il appela la lune, à laquelle il attribua l'assistance des étoiles. *Il y eut un soir, et il y eut un matin : ce fut le quatrième jour*[272].

---

[267] Gn 1,1
[268] Gn 1,2
[269] Gn 1,5
[270] Cf. Gn 1,6-10
[271] Cf. Gn 1,11-13
[272] Cf. Gn 1,14-19

Dieu créa aussi toutes sortes d'animaux, des reptiles et des quadrupèdes. *Il y eut un soir, et il y eut un matin : ce fut le cinquième jour*[273].

Dieu vit que cela était bon[274], ce qu'il avait fait pendant ces jours. Il se dit que c'était *très bon*[275]. Mais parmi toutes ces créatures, il ne s'en trouva pas une seule capable de reconnaître Dieu en vérité et de le louer.

C'est pourquoi *Dieu dit : « Faisons* [p.22] *l'homme à notre image. »*[276] Il *forma l'homme de la poussière de la terre*[277] et il lui donna la mission de donner un nom à toute créature, à chacune selon sa nature[278]. Mais Adam *ne trouva point d'aide semblable à lui*[279]. *Alors Dieu fit tomber un profond sommeil sur* Adam. Pendant qu'il dormait, Dieu *prit une de ses côtes* et en *forma une femme*. Quand Adam se réveilla, Dieu l'avait placée en face de lui. Quand il la vit Adam dit : « *Voici celle qui est os de mes os et chair de ma chair ; on l'appellera* donc *femme*[280]. » C'est *pourquoi l'homme quittera son père et sa mère, et s'attachera à sa femme et ils deviendront une seule chair*[281]. *Il y eut un soir, et il y eut un matin : ce fut le sixième jour*[282].

La chute de l'homme

Dieu *se reposa au septième jour de toute son œuvre*[283]. Dieu permit à l'homme et à la femme de dominer sur toute créature. Il les plaça dans un jardin et dit : « Tout vous est soumis[284] ; vous pourrez *manger de tous les* fruits *du jardin, mais* vous ne

---

[273] Cf. Gn 1,20-25. Le contenu des jours de la création tel que décrit par Riedemann ne correspond pas exactement au récit de la Genèse. Il n'avait probablement pas de Bible sous les yeux en rédigeant ce texte.

[274] Gn 1,25

[275] Gn 1,31

[276] Gn 1,26

[277] Gn 2,7

[278] Cf. Gn 2,19

[279] Gn 2,20

[280] *manin* dans le texte.

[281] Cf. Gn 2,21- 24

[282] Gn 1,31

[283] Gn 2,2

[284] Cf. Gn 1,28

mangerez pas *de l'arbre de la connaissance du bien et du mal, car le jour où* vous en mangerez, vous mourrez. »[285]

En leur permettant de dominer toute créature, il leur donna la possibilité de reconnaître que, de même qu'ils dominaient les créatures, Dieu était leur Seigneur. Il leur prescrivit donc ce commandement. Pourtant, rapidement, apparut au sein de la création un rejet du commandement. Le serpent, le diable perfide, s'adressa en effet à Eve : « *Dieu a-t-il réellement dit :* le jour où vous mangerez de ce fruit, vous mourrez ? Il n'en est rien ; *le jour où vous en mangerez, vous serez* sages *comme des dieux,* semblables à eux. »[286]

En entendant ces paroles, Eve observa les fruits. Elle les trouva *agréables à la vue* et appétissants. Elle pensait avoir assez de personnalité et choisit d'obéir au serpent. Elle mangea du fruit et en donna aussi à Adam, qui en mangea[287].

Dès qu'ils l'eurent mangé, *leurs yeux s'ouvrirent et ils connurent qu'ils étaient nus*[288]. Cela signifie qu'ils découvrirent qu'ils avaient refusé la volonté et la grâce de Dieu. Ils en étaient auparavant revêtus mais se trouvaient désormais dans le dénuement. Ils commencèrent donc à éprouver la honte. Ils prirent des *feuilles de figuier*, ils en tressèrent des pagnes qu'ils portèrent pour recouvrir leur honte, puis ils *se cachèrent au milieu des arbres*[289].

Vers le soir, alors qu'il faisait froid, *ils entendirent la voix de Dieu qui appelait* Adam en lui disant : « Adam, *où es-tu ?* » Mais l'homme se taisait. La troisième fois, il répondit : « Seigneur, *je me suis caché ;* j'ai honte *parce que je suis nu.* » Dieu dit alors : « *Qui t'a appris que tu es nu ? Tu as* certainement *mangé de l'arbre dont je t'avais défendu* [p.23] *de manger.* » Adam répondit : « *La femme que tu as mise auprès de moi m'en a donné* pour que je le mange. » Alors Dieu dit à Eve : « *Pourquoi as-tu fait cela ?* » Elle répondit : « Seigneur, *le serpent m'a séduite.* »[290]

---

[285] Gn 2,15-17
[286] Cf. Gn 3,1-5
[287] Cf. Gn 3,6
[288] Gn 3,7
[289] Cf. Gn 3,7-10
[290] Cf. Gn 3,8-13

Dieu s'adressa au serpent : « *Puisque tu as fait cela, tu seras maudit entre tous les animaux. Tu marcheras sur ton ventre, et tu mangeras de la poussière tous les jours de ta vie. Je mettrai inimitié entre ta postérité et celle de la femme :* la postérité de la femme *t'écrasera la tête, et tu lui blesseras le talon.* »[291]

Et il dit à Eve : « Puisque tu as écouté le serpent, *tu enfanteras avec douleur.* » Il parla aussi à Adam : « Puisque tu as eu davantage de considération pour ta femme que pour moi, *le sol sera maudit à cause de toi. Il te produira des épines et des ronces,* et *c'est à la sueur de ton visage que tu mangeras* ton *pain.* »[292]

Dieu dit : « Voici que l'homme possède *la connaissance du bien et du mal.* Il pourrait se révolter, manger *de l'arbre de vie* et devenir comme nous.» Dieu *le chassa* donc *du jardin* et mit un ange avec *une épée flamboyante* pour en garder l'accès[293].

Devenu désobéissant, Adam avait perdu la capacité d'obéir qu'il possédait auparavant. Il dut reconnaître que la désobéissance habitait la créature, parce qu'il avait négligé le commandement de Dieu. Pour retrouver l'obéissance, la créature allait devoir se faire violence. L'être humain n'a donc plus la possibilité de vivre dans l'obéissance à Dieu, hormis en anéantissant sa volonté charnelle et en mourant à lui-même, ce qui ne peut arriver qu'au prix de grandes afflictions et souffrances.

Une parabole

Voici une parabole : Une forêt contient de nombreux arbres. Ils sont tous de bonnes créatures de Dieu, utiles pour bâtir une maison. Mais pour cela, tous doivent passer par le travail du charpentier. Il faut qu'ils soient coupés, cloués, rabotés et préparés selon la volonté de l'artisan, puis assemblés pour bâtir une maison.

Il en est de même pour les êtres humains. Ils ont tous été créés comme de bonnes créatures de Dieu au service de sa gloire. Tous sont utiles pour édifier la maison où Dieu veut habiter. Mais tous ne participeront pas à cette construction.

---

[291] Gn 3,14-15
[292] Cf. Gn 3,16-19
[293] Cf. Gn 3,22-24

Seuls le pourront ceux qui seront passés par le travail de Dieu, qui auront été corrigés par lui, émondés de leur orgueil et de leur méchanceté, *circoncis de la circoncision de Christ*[294], purifiés dans leur cœur, et qui s'offriront sans partage à Dieu le Père pour suivre le Christ. Voilà ceux qui deviennent tous ensemble – par le lien de l'amour – la maison où Dieu [p.24] établit sa demeure. Comme il est écrit : « *Vous êtes le temple du Dieu* vivant. »[295] Et aussi : « *J'habiterai avec vous,* je serai votre Dieu et *vous serez mon peuple.* »[296]

Par cette parabole et bien d'autres, nous apprenons la soumission qui est requise de notre part depuis le moment où l'être humain a transgressé la nécessité d'obéir à Dieu. C'est en nous soumettant à sa discipline, en nous la faisant sentir, que Dieu nous rend aptes et bons à devenir sa demeure.

Nous en restons là pour affirmer que la puissance et le pouvoir de Dieu restent facilement reconnaissables. Comme Paul l'enseigne : « *Les perfections invisibles de Dieu, sa puissance éternelle, se voient comme à l'œil depuis la création du monde quand on les considère dans ses ouvrages.* »[297] (…) [298]

En tout cela, nous reconnaissons la puissance de notre Dieu. Il sauve les siens au bon moment. Il conduit merveilleusement les saints qui lui appartiennent. Nous constatons ce que la foi a suscité en eux, en quoi consiste la puissance de Dieu, et combien nous pouvons vraiment compter sur le Seigneur et lui faire confiance. Examinez donc l'Ecriture, et faites preuve de bon sens pour apprendre comment plaire à Dieu ! Que le Dieu éternel vous vienne en aide, par sa grâce et sa puissance inexprimables !

---

[294] Col 2,11

[295] 1Co 3,16

[296] Cf. Ap 21,3

[297] Rm 1,20

[298] Dans la transcription que nous utilisons, une partie du texte de Riedemann, qui énumérait des histoires de l'Ancien Testament, a été supprimée à cet endroit. Riedemann en arrive ensuite à la conclusion que nous reprenons.

Je crois en Jésus-Christ

Je crois en Jésus-Christ, son Fils unique, notre Seigneur, qui a été conçu du Saint-Esprit, et qui est né de la vierge Marie. Il a souffert sous Pilate. Il a été crucifié. Il est mort. Il a été enseveli. Il est descendu aux enfers. Le troisième jour, il est ressuscité des morts. Il est apparu à ses disciples. Il est monté au ciel. Il s'est assis à la droite de Dieu le Père. De là nous l'attendons, il viendra juger les vivants et les morts.[299]

Le Dieu immortel, notre Père fidèle, a voulu accomplir sa promesse en envoyant la descendance promise qui devait écraser la tête du serpent[300]. Ce faisant, il a pris au diable sa puissance, détruit son empire et anéanti sa domination. Il envoya donc sa Parole éternelle. En Marie, elle est devenue un être humain, quand [p.25] l'ange Gabriel lui a transmis le message de la part de Dieu. Il l'a saluée et lui a dit : « *Je te salue, Marie, toi à qui une grâce a été faite ; le Seigneur est avec toi.* » *Troublée* dans son cœur, *Marie se demandait ce que pouvait signifier une telle salutation.* Comme elle restait craintive, l'ange la rassura et *lui dit : « Ne crains point, Marie,* et sois attentive. *Tu deviendras enceinte* dans ton corps *et tu enfanteras un fils. Il sera grand et sera appelé Fils du Très-Haut.*» Alors Marie dit : « *Comment cela se fera-t-il, puisque je ne connais point d'homme ?* » L'ange lui répondit : « *La puissance du Très-Haut viendra en toi d'en haut. C'est pourquoi* celui *qui naîtra de toi sera saint.* » Quand Marie entendit ce que serait l'œuvre de Dieu, elle dit : « *Je suis la servante du Seigneur ; qu'il me soit fait selon ta parole !* »[301]

Marie, soumise à la Parole du Seigneur, devint enceinte par l'opération du Saint-Esprit. Elle enfanta pour nous celui que Dieu avait promis jadis par le prophète Esaïe, quand il disait : « *Voici, la jeune fille deviendra enceinte, elle enfantera un fils que l'on appellera Emmanuel.* »[302]

---

[299] En gros caractères dans l'édition originale. Riedemann reprend ici presque textuellement les termes de la seconde partie du Symbole des Apôtres.
[300] Cf. Gn 3,15
[301] Cf. Lc 1,28-38
[302] Es 7,14

Il est venu, *lumière dans le monde*[303], pour illuminer ceux qui demeurent dans les ténèbres. Comme il est écrit : « Pour le *peuple qui marchait dans les ténèbres, une grande lumière* s'est levée. Pour *ceux qui habitaient le pays de l'ombre* et de la puissance *de la mort,* est advenu un grand salut. »[304]

Désormais, le Soleil de la sagesse et de la science s'est levé. L'éclat de la bonté nous est apparu. Nous devons donc marcher en lui *comme des enfants de lumière*[305] pour ne plus rester prisonniers des ténèbres. Car *celui qui marche dans les ténèbres ne sait où il va*[306] tomber.

C'est dans ce but que le Christ est venu : pour qu'habite en nous la lumière de la vie ; pour que, par son appel, nous soyons sauvés de la mort. Par la bouche de Moïse, son fidèle serviteur, Dieu nous l'avait promis. Il nous avait commandé de l'écouter : « *L'Eternel, ton Dieu, te suscitera d'entre tes frères, un prophète comme moi : vous l'écouterez ! Et si quelqu'un n'écoute pas* ce prophète, son âme lui sera enlevée. »[307] Dans la confirmation que Dieu en a donnée, il exhorte également à l'écouter : « *Celui-ci est mon Fils bien-aimé*[308], par lequel je me suis réconcilié. *Ecoutez-le ! »*[309]

Il *est venu* dans son propre bien, mais *les siens ne l'ont* ni *reçu* ni écouté. *Mais à tous ceux qui l'ont reçu, il a donné le pouvoir de devenir enfants de Dieu, lesquels ne sont pas nés de la chair, mais de Dieu*[310]. Ceux-là sont régénérés par la parole vivante que Dieu [p.26] a semée dans nos cœurs, afin qu'à l'avenir il ne soit plus nécessaire de dire à ses frères : « *Connaissez l'Eternel !* » *Car tous* ceux qui seront régénérés *le connaîtront, depuis le plus petit jusqu'au plus grand*[311].

Le Christ nous a donc été donné pour devenir le sauveur de tous les êtres humains[312]. Il a accompli la volonté du Père et apaisé sa colère. Il *a renversé le mur*

---

[303] Cf. Jn 1,4 ; 3,19
[304] Cf. Es 9,1
[305] Ep 5,8
[306] Jn 12,35
[307] Cf. Dt 18,15.19
[308] Mt 3,17
[309] Mt 17,5
[310] Cf. Jn 1,11-13
[311] Jr 31,34
[312] Cf. 1Jn 4,14

de séparation, *anéanti la loi afin de créer avec les deux[313] un seul homme nouveau[314]*. Il a préparé un sûr chemin vers le Père. *Par lui nous avons accès auprès du Père dans un même Esprit* pour devenir *concitoyens des saints, gens de la maison de Dieu[315]*. Nous recevrons la gloire en héritage parce qu'il nous rachetés par son sang. Il l'a versé pour nous, afin de nous sanctifier et de nous purifier de nos péchés. *C'est par ses meurtrissures que nous sommes guéris[316]*. Il a pris sur lui nos maladies, il a pansé les profondes blessures que les coups violents de Satan nous avaient infligées. Il nous a précédés, *afin que nous suivions ses traces, lui qui, injurié, ne rendait point d'injures, maltraité, ne faisait point de menaces, mais s'en remettait[317]* en toutes choses au Père. Il a vécu selon la volonté du Père ; il l'a accomplie en demeurant dans l'obéissance *jusqu'à la mort, même jusqu'à la mort de la croix[318]*. Le juste a souffert pour les injustes, l'innocent pour les coupables, afin de nous mener à Dieu. *En vue de la joie qui lui était réservée* par Dieu, *il a souffert la croix en méprisant son ignominie[319]*.

C'est à ce prix si élevé que le Christ nous a rachetés. Il n'a fait l'économie d'aucun travail, d'aucun effort. Il a préféré notre salut à sa gloire. Lui qui était Seigneur du ciel et de la terre, il a choisi d'y renoncer ; *pour nous il s'est fait pauvre, afin qu'en lui nous soyons enrichis[320]* et sauvés. Il a pris pour lui *une forme de serviteur[321]* ; il a voulu devenir serviteur de tous. Comme il le dit : « *Je suis venu non pour être servi, mais pour servir. »[322]*

En renonçant volontairement à son Royaume, et en choisissant de s'humilier, ce puissant Roi nous a laissé un exemple, afin que celui qui occupe une position élevée se soumette à celui qui a une condition inférieure, comme Jésus le commande :

---

[313] Le juif et le païen.
[314] Ep 2,14-15
[315] Ep 2,18-19
[316] Es 53,5
[317] 1P 2,21.23
[318] Ph 2,8
[319] He 12,2
[320] 2Co 8,9
[321] Ph 2,7
[322] Mt 20,28

« *Quiconque veut être grand parmi vous, qu'il soit serviteur*[323] de tous. » C'est ainsi qu'il sera grand. Le Christ *a appris l'obéissance par les choses qu'il a souffertes*[324]. Par amour pour nous, il n'a pas épargné sa propre vie mais l'a offerte pour nous tous. C'est pourquoi le Seigneur l'a *élevé, couronné* [p.27] *de gloire et d'honneur*[325], et *lui a donné le nom qui est au-dessus de tout nom, afin qu'au nom de Jésus tout genou fléchisse dans les cieux, sur la terre et sous la terre, et que toute langue confesse qu'il est le Seigneur*[326]. Dieu *l'a oint d'une huile de joie au-dessus de ses égaux*[327]. Par son bras puissant, il l'a réveillé du sommeil de la mort, pare qu'il était impossible que la mort le garde. C'est ce qu'affirme David : « *Tu ne permettras pas que ton Saint voie la corruption, et tu n'abandonneras pas son âme dans le séjour des morts. »*[328]

Christ est donc ressuscité avec puissance, et il est apparu à ses disciples et à de nombreux frères[329]. Puis, quand les temps furent accomplis, il a été enlevé au ciel devant ses apôtres, et *s'est assis à la droite du trône*[330] de la majesté dans les hauteurs. Là, il attend, *jusqu'à ce qu'il ait mis tous les ennemis sous ses pieds*[331]. Etienne l'a contemplé assis en ce lieu[332]. Nous croyons nous aussi que c'est là qu'il demeure, afin de plaider notre cause.

Manger le corps du Christ

Par contre, nous ne croyons pas que le Christ puisse résider dans du pain, et qu'il se laisse porter par les mains des pécheurs. En effet, quand, après la résurrection, Marie de Magdala voulut le toucher, il ne le lui permit pas. Il l'avait pourtant purifiée de son injustice et de ses péchés. Mais il lui dit qu'elle ne devait pas

---

[323] Mt 20,26
[324] He 5,7-8
[325] He 2,9
[326] Ph 2,9-11
[327] He 1,9
[328] Ac 2,27 ; cf. Ps 16,10
[329] Cf. 1Co 15,5-6
[330] He 12,2
[331] 1Co 15,25
[332] Cf. Ac 7,55

le toucher[333]. Il l'avait justifiée et sanctifiée ; mais elle ne reçut pas l'autorisation de l'effleurer. Comment le Christ accepterait-il alors de se laisser porter maintenant par des mains de prostituées, d'avares, de grossiers, d'impurs, etc. ? L'Ecriture déclare en effet que Dieu ne saurait être *servi par des mains humaines*[334].

Tu répliques en alléguant que le Christ aurait laissé Thomas le toucher en lui disant : « *Thomas, avance ici ton doigt* dans la marque des clous ; *avance aussi ta main et mets-la* dans les blessures de *mon côté ; et ne sois plus incrédule, mais crois.* »[335] En fait, Thomas ne l'a pas touché. Dès qu'il a entendu cette parole et vu le Christ, l'incrédulité est sortie de son cœur. Il l'a reconnu vraiment ressuscité et en a témoigné en s'exclamant : « *Mon Seigneur et mon Dieu !* »[336] Ensuite, il n'a plus cherché à le toucher. La suite du texte confirme que Thomas ne l'a pas touché, quand le Christ dit : « *Parce que tu m'as vu,* Thomas, *tu as cru. Heureux ceux qui n'ont pas vu, et qui ont cru !* »[337] Tu vois bien qu'il ne parle que de la vue, et non pas du toucher.

Passons… Peu importe que l'on trouve également : « *Celui qui mange ma chair et qui boit mon sang a la vie* [p.28] *éternelle.* »[338] En effet, tu dois lire ce qui précède et ce qui suit pour comprendre ce que signifie manger la chair du Christ. On trouve juste avant cette assertion : Jésus a nourri la foule dans le désert, il a marché sur les eaux puis, de bonne heure le jour suivant, les gens l'ont suivi[339]. *L'ayant trouvé, ils lui dirent : « Maître, quand es-tu venu ici ? »*[340] Le Christ leur a répondu : « *Vous me cherchez, non parce que vous avez vu des miracles, mais parce que vous avez mangé des pains et que vous avez été rassasiés. Travaillez, non pour la nourriture qui périt, mais pour celle qui subsiste* éternellement dans le ciel. »[341] Il ajoute plus loin : « *Vos pères ont mangé* le pain du ciel *dans le désert, et ils sont*

---

[333] Cf. Jn 20,17
[334] Ac 17,25
[335] Jn 20,27
[336] Jn 20,28
[337] Jn 20,29
[338] Jn 6,54
[339] Cf. Jn 6,24
[340] Jn 6,25
[341] Jn 6,26-27

morts[342], selon ce qui est écrit : *Il leur donna le pain du ciel*[343]. Et encore : Chacun a mangé le pain des anges. Mais je vous dis : *Moïse ne vous a pas donné le pain du ciel, mais mon Père vous donne le vrai pain du ciel*[344], *afin que celui qui en mange ne meure point,* mais qu'il ait la vie éternelle ; *et le pain que je donnerai, c'est ma chair, que je donnerai pour la vie du monde. »*[345]

Considère si, oui ou non, le sang et la chair sont venus du ciel. Tu vois bien que non ! Le Christ a commencé par devenir chair en Marie. Il ne parle donc pas ici de manger physiquement sa chair et son sang, mais il fait allusion à la foi en la Parole vivante du Père, celle qui est *descendue du ciel et qui donne la vie au monde*[346]. Par conséquent, celui qui croit cette parole et qui, comme Marie, se soumet à Dieu, mange vraiment la chair du Christ. Car il est écrit : « *Si quelqu'un* croit en moi, moi et le Père, *nous viendrons à lui, et nous ferons notre demeure chez lui. »*[347] Manger le Christ, c'est croire en la vérité.

Le Christ ne donne pas une signification physique de sa chair et de son sang. Il ne veut pas qu'on le mange. Tu en trouves encore une confirmation plus loin, quand les disciples qui ne comprennent pas se scandalisent des paroles de Jésus en disant : « *Cette parole est dure ; qui peut l'écouter ? »*[348] C'est comme s'ils voulaient dire : « Mais qui mangera donc de sa chair ? » Jésus leur répond : « *Cela vous scandalise-t-il ? Et si vous voyez le Fils de l'homme monter où il était auparavant ? C'est l'esprit qui vivifie ; la chair ne sert de rien. »*[349] Comprends bien : il ne sert à rien de la manger. Par contre, ce qui nous a été infiniment utile, c'est que, pour nous, il ait été frappé, mis a mort, et qu'il est ressuscité, sans quoi nous ne pourrions pas être sauvés. C'est pourquoi il ajoute : « *Les paroles que je vous ai dites sont esprit et vie. »*[350] Esprit et vie, mais non pas chair et sang !

---

[342] Jn 6,49
[343] Jn 6,31
[344] Jn 6,32
[345] Jn 6,50-51
[346] Jn 6,33
[347] Jn 14,23
[348] Jn 6,60
[349] Jn 6,61-63
[350] Jn 6,63

La messe

Ces autres paroles du Christ : « *Prenez, mangez, ceci est mon corps* »[351], ne sauraient entrer en ligne de compte pour s'empresser de faire du pain un dieu. C'est ce que prétendent les [p.29] prédicateurs ventripotents qui mésusent de cette phrase pour satisfaire leur désir. Par la même occasion, ils prennent bien soin de leur dieu, qui est leur ventre ; ils ne prennent aucun risque. Pourtant si, comme ils l'allèguent, le Christ était mangé dans le pain, en quoi devraient-ils encore se soucier de la damnation, puisqu'il il est écrit : « *Si quelqu'un* me *mange, il vivra éternellement* »[352] ? Dieu ne revient pas sur ses dons. En vérité, tous ceux qui reçoivent et mangent le Christ sont assurés de sa gloire, car il dit : « Père, je veux que *là où je suis, là aussi soit mon serviteur.* »[353] Mais en fait, ils n'ont pas l'assurance du salut que Dieu a promis. Ils hésitent, et prouvent par leurs actes qu'ils n'ont ni reçu ni mangé le Christ, et que le Christ n'est pas présent.

Cette citation − *ceci est mon corps* − ne doit donc pas être comprise d'une manière aussi matérielle. La juste interprétation qu'elle contient, vous l'entendrez plus loin, quand je traiterai de la cène du Seigneur.

Par contre, je ne veux rien dissimuler. Je vais montrer franchement comment je considère le pain de votre messe. J'affirme que ce n'est que du pain maudit par le Seigneur. Et tous ceux qui mangent de ce pain se rendent impurs et ne peuvent en aucun cas entrer dans la maison du Seigneur. Votre bénédiction les rejette loin de Dieu. Comme il est écrit : « Puisqu'ils transgressent mes commandements et ne suivent pas mes lois, *je maudirai leurs bénédictions.* »[354]

En somme, l'adoration qui devrait être rendue au Christ vivant lui est enlevée et attribuée à quelque chose de mort, à du pain qui ne peut ni voir, ni entendre, ni parler. Qui ne peut rien faire pour lui-même, et encore moins aider quelqu'un d'autre.

---

[351] Mt 26,26 & par.
[352] Jn 6,51
[353] Jn 12,26
[354] Cf. Ml 2,2

Quant à nous, nous avons un Christ vivant, par qui tout a été fait. Il soutient et maintient toute chose. Il vient en aide à tous. Dieu l'a institué juge des vivants et des morts. Il est monté au ciel avec son corps, qui ne saurait donc demeurer ni dans le pain, ni dans aucun autre lieu sur la terre. Comme il l'atteste : « *Vous aurez toujours des pauvres avec vous, mais vous ne m'aurez pas toujours.* »[355] Et encore : « *Je quitte le monde, et je vais au Père.* »[356]

Il reste cependant toujours auprès de nous avec sa puissance infinie et sa divinité. Comme il le promet : « *Je suis avec vous tous les jours, jusqu'à la fin du monde.* »[357]

La sainte cène

[p.30] Voici ce que nous pensons et croyons au sujet de la cène du Christ Seigneur :

Je ne saurais assez louer et glorifier la cène du Seigneur, telle qu'elle est figurée dans l'Ancien Testament et célébrée dans le Nouveau.

Moïse l'annonce dans l'Ancien Testament, dans le livre de l'Exode[358] : Alors que Dieu avait infligé les plaies au pharaon, il voulut en ajouter une dernière en tuant tout premier né du pays d'Egypte. Il donna cet ordre à Moïse : le peuple devait mettre à mort un agneau, en prendre le sang, et en enduire le linteau des portes. De cette manière, quand l'ange destructeur viendrait, il n'entrerait pas dans leurs maisons et ne leur ferait pas de mal. Cet agneau devait être sans défaut et âgé d'un an. Il ne fallait pas le bouillir dans l'eau mais le rôtir au feu. Si la famille était trop peu nombreuse pour manger l'agneau, il était possible d'inviter les voisins circoncis pour le partager. Il ne devait rien rester. Aucun de ses os ne devait être brisé. S'il restait quelque chose, il fallait le brûler au feu. Pour le manger, les israélites devaient rester

---

[355] Mt 26,11
[356] Jn 16,28
[357] Mt 28,20
[358] Cf. Ex 12

debout, *les reins ceints,* un *bâton* blanc *à la main*[359]*, les souliers aux pieds*, prêts à partir du pays d'Egypte, de leur maison de servitude.

Cet agneau symbolisait le Christ. En effet, en ce temps-là, le sang de l'agneau sur les linteaux garantissait le salut aux israélites, en leur épargnant les plaies qui frappaient l'Egypte. Pour nous, quand nos cœurs sont enduis, lavés, purifiés et sanctifiés dans la foi par le sang du Christ, quand nous l'acceptons personnellement, quand nous devenons participants du sang que Jésus a répandu, de ses souffrances et de sa mort, nous sommes sauvés. Les plaies éternelles destinées au monde entier ne sauraient nous nuire. Cet Agneau qui est le Christ n'a pas eu les os brisés, contrairement à ceux qui étaient crucifiés avec lui. Comme l'agneau qui ne devait avoir aucun défaut, le Christ n'a commis aucun péché et aucun mensonge n'est sorti de sa bouche. Il a été égorgé comme un agneau innocent et sans tache.

Quant à nous, si nous voulons communier à cet Agneau, vivre de la parole divine et manger le pain du Seigneur, nous devons le consommer debout. A savoir, en restant fermes dans la foi au Seigneur, en gardant confiance en lui, dans l'attente de son retour, *les reins ceints* de la [p.31] ceinture de la vérité, revêtus de *la cuirasse de la justice*[360], le *bâton* blanc *à la main,* qui est la conscience pure devant Dieu de ceux qui ont été purifiés, sanctifiés et réconciliés avec lui pour devenir ses enfants, et *les souliers aux pieds* qui sont *le zèle que donne l'Evangile de paix*[361]. Il nous faut être prêts, comme si nous voulions quitter le pays. Ce qui signifie se préparer à accepter de souffrir en Christ, d'être crucifiés, pour partir, s'il le faut, de cette vallée de larmes par la mort et rejoindre notre vraie patrie.

Quand les israélites mangeaient l'agneau, ils ne l'accompagnaient pas de pain levé, mais de *pain sans levain*[362]. Nous devons nous aussi nous débarrasser de tout levain, c'est-à-dire du péché et de la méchanceté, et choisir le bon pain qui consiste à

---

[359] Le livre de l'Exode ne précise pas la couleur du bâton. La mention d'un bâton banc par Riedemann est probablement une allusion à la pratique des *Stäbler,* anabaptistes pacifiques groupés autour de Jacob Widemann († 1535/36), qui se sont séparés de Balthasar Hubmaier en 1528 sur la question de l'usage des armes. Au lieu d'un glaive, ils portaient un bâton blanc, symbole de pureté et de sainteté. Cf. CHUDASKA, op.cit. p.144.
[360] Ep 6,14
[361] Ep 6,15
[362] Ex 12,20

devenir en Christ une créature nouvelle qui lui plaise et lui convienne. Comme Paul l'enseigne : « Nous avons un Agneau pascal qui est le Christ Jésus, mort pour nous. *Célébrons donc la Pâque, non avec le vieux levain de méchanceté,* mais avec la bonne pâte *de la pureté et de la vérité.* »[363]

Plus tard, quand la Pâque fut observée, les enfants demandaient à leurs parents : « Qu'est-ce que c'est ? *Que signifie cet usage ?* » Les parents répondaient alors: « C'est la Pâque, le passage de l'Eternel en Egypte, quand il fit mourir les premiers-nés dans toute l'Egypte et *qu'il sauva nos maisons.* »[364] En fait, l'agneau n'était pas le passage de l'Eternel en Egypte, mais un signe pour faire mémoire et s'en souvenir. De cette manière, les israélites ne devaient pas oublier la bonté de Dieu.

Les disciples du Christ l'ont précisément interrogé au sujet de cet agneau en lui disant : « Maître, *où veux-tu que nous allions te préparer* l'agneau pour *la Pâque ?* »[365] Et Jésus leur a dit : « *Allez à la ville ; vous rencontrerez un homme portant* deux *cruches d'eau, suivez-le. Quelque part qu'il entre, dites au maître de la maison : Où est le lieu* où nous apprêterons l'agneau pascal ? *Et il vous montrera une grande chambre toute prête : c'est là que vous nous préparerez la Pâque.* » Les *disciples partirent, arrivèrent à la ville, et trouvèrent les choses comme il le leur avait dit.*[366] Ils s'adressèrent au maître de maison : « le Maître te fait dire : *Où est le lieu où je mangerai la Pâque avec mes disciples ?* » Il leur montra une grande chambre toute prête ; c'est là qu'ils préparèrent la Pâque.

Le soir étant venu, *Jésus se mit à table* avec les Douze. Pendant le repas, *il leur dit : « J'ai désiré vivement de manger cet* agneau pascal *avec vous, avant de souffrir.* »[367] En disant cela, il mettait un terme à ce qui était ancien, et instituait quelque chose de nouveau avec le pain et le vin. Après le souper, il prit le pain, rendit grâce à son Père [p.32] et le rompit. Par cette fraction du pain effectuée devant ses disciples, Jésus signifiait qu'il romprait son corps, pour eux et pour tous, afin que

---

[363] 1Co 5,7-8
[364] Cf. Ex 12,26-27
[365] Mc 14,12 ; Mt 26,17 ; Lc 22,7
[366] Mc 14,13-16
[367] Lc 22,14-15

ceux qui croiraient en lui reçoivent la vie éternelle en venant à lui. Comme il le dit : « *Quand j'aurai été élevé de la terre, j'attirerai tous les hommes à moi.* »[368]

Puis Jésus donna le pain à ses disciples pour leur faire comprendre que, comme il leur avait donné ce pain rompu pour subvenir à leur chair, il voulait, par son corps brisé, leur donner la vie éternelle et les délivrer de la mort. Par sa mort nous avons reçu la vie, selon le témoignage de l'Ecriture, ainsi que la vraie nourriture de l'Esprit qui vivifie, console et fortifie notre âme.

Jésus dit : « *Prenez et mangez !* »[369] En invitant ainsi ses disciples à prendre le pain rompu et à le manger, il signifiait sa volonté que nous acceptions à notre tour le pain véritable qui a été brisé. Il s'agit des souffrances et de la mort du Christ, dont nous devons devenir participants afin de partager sa résurrection et sa gloire. Car Paul dit que *nous sommes héritiers de Dieu, et cohéritiers de Christ, si toutefois nous souffrons avec lui, afin d'être glorifiés avec lui.*[370]

« *Ceci est mon corps, qui est* brisé *pour vous.* »[371] Paul explique bien la signification de ce corps : « *Puisqu'il y a un seul pain, nous qui sommes plusieurs, nous formons un seul corps ; car nous participons tous à un même pain.* »[372] Il précise encore dans un autre passage ce qu'il entend par ce corps : « *Ce qui manque aux souffrances de Christ, je l'achève en ma chair, pour son corps, qui est l'Eglise.* »[373] Et là, tu répliques : « Si je comprends bien, tu attribues ton salut à tes souffrances ? » Pas du tout ! Christ seul est la tête qui donne à l'ensemble du corps le salut et la paix. Cependant, les membres qui acceptent de souffrir avec la tête deviennent participants de son amour. Le sarment ne porte du fruit qu'en recevant la sève de la vigne, et cette sève provient de la racine qui permet au sarment de fructifier. De même, le salut dans son intégralité nous vient de la tête qui est le Christ. Par lui subsiste le corps tout entier.

---

[368] Jn 12,32
[369] Mt 26,26
[370] Rm 8,17
[371] Lc 22,19
[372] 1Co 10,17
[373] Col 1,24

« *Faites ceci en mémoire de moi toutes les fois que vous* le ferez. »[374] Jésus nous demande ici de célébrer la cène en mémoire de lui. Il est donc évident qu'il ne se rend pas personnellement présent pour qu'on le mange, bien qu'il ait dit: « *Prenez, mangez, ceci est mon corps.* »[375] Prenons une comparaison. Imaginons une personne disant : « Bois la bénédiction de saint Jean ! » Il ne parle pas de la bénédiction, mais du vin qui [p.33] a été béni. Il en est de même quand le Christ dit : « *Mangez, ceci est mon corps.* » Il ne demande pas de manger sa chair et son sang, mais il veut parler de son corps. C'est pourquoi il commande de faire ce geste en mémoire de lui.

Souvenons-nous de l'agneau, qui n'était pas la Pâque, le passage de la sortie d'Egypte.[376] Les parents devaient pourtant dire à leurs enfants que c'était *la Pâque de l'Eternel, qui était passé en Egypte.*[377] Ils ne voulaient pas signifier que l'agneau était lui-même ce passage. Mais ils se rappelaient et faisaient mémoire de cette Pâque grâce à cet agneau, et ils rendaient grâce à Dieu. Le pain n'est donc pas le corps mais un symbole, un souvenir du corps du Christ. Il nous rappelle ses souffrances et sa mort. C'est bien ce qu'il commande : « *Faites ceci en mémoire de moi toutes les fois que vous* le ferez. »[378] Paul ajoute : « *Vous annoncez la mort du Seigneur jusqu'à ce qu'il vienne.* »[379]

Les symboles du pain et du vin

Prenons maintenant en considération, dans la cène du Seigneur, la mort du Christ et notre mort, ainsi que son amour et notre amour.

L'amour du Christ, comme notre amour, nous est représenté avec le pain et le vin[380]. Il faut une multitude de grains moulus par la meule pour faire de la farine.

---

[374] 1Co 11,25

[375] Mt 26,26

[376] Cf. Ex 12,11-12

[377] Cf. Ex 12,27

[378] 1Co 11,25

[379] 1Co 11,26

[380] Riedemann reprend dans ce qui suit une parabole souvent utilisée par les premiers anabaptistes. Ils ne l'avaient pas inventée. Elle trouve son origine dans un écrit chrétien des origines, la *Didachè*, ou *Doctrine du Seigneur par les Douze Apôtres aux païens.* Cf. *Les Pères apostoliques*, traduction et introduction de F. Quéré, Paris, 1980, pp.99-100.

Unis, ils deviennent un même pain. Il est alors impossible de reconnaître dans le pain la provenance des grains ou de la farine. Il en de même en ce qui nous concerne : nous sommes nombreux à être moulus par la précieuse meule de la puissance divine. Nous croyons à sa parole et nous acceptons la croix du Christ. Nous sommes unis tous ensemble par le lien de l'amour en un seul corps dont le Christ est la tête. Comme Paul le dit : « *Puisqu'il y a un seul pain, nous qui sommes plusieurs, nous formons un seul corps ; car nous participons tous à un même pain.* »[381]

En effet, ceux qui se soumettent réellement au Seigneur acquièrent un même sentiment, un même cœur et une même âme, comme les grains rassemblés dans un même pain. Comme la tête, le Christ, est unie au Père, les membres sont spirituellement unis à la tête, à cette tête qui s'est unie à eux. Il est écrit : « *Nous avons la pensée du Christ.* »[382] Celui qui n'a pas la pensée du Christ ne lui appartient pas. Chaque petit grain remet à l'autre tout son pouvoir [p.34] afin que tous forment un pain entier. De même, le Christ, notre chef, s'est donné à nous pour nous laisser un exemple : *Comme il nous a aimés,* nous devons *nous aimer les uns les autres.*[383] Nul membre ne vit pour lui-même, mais pour les autres et pour le corps tout entier. Chacun *mettra au service des autres le don qu'il a reçu*[384]. C'est de là que *le corps tire son accroissement et s'édifie lui-même*[385]. Le Christ, dans sa mort, *ayant aimé les siens, mit le comble à son amour pour eux*[386].

C'est pourquoi la cène nous signifie la mort du Christ ainsi que la nôtre. Après avoir rompu le pain devant ses disciples, le Christ a rompu son corps pour le salut du monde entier. Et puisque le Christ a annoncé que son corps serait rompu pour notre salut, nous exprimons nous aussi, dans la fraction du pain, notre volonté d'offrir notre corps pour nos frères, par amour et au nom de sa parole. Quand ils seront dans la faiblesse, nous les réconforterons et consolerons. Nous le ferons chaque fois qu'ils auront besoin de nous, même dans le supplice du feu ou de l'eau, sans tenir compte

---

[381] 1Co 10,17
[382] 1Co 2,16
[383] Jn 13,34
[384] 1P 4,10
[385] Ep 4,16
[386] Jn 13,1

des menaces du monde. *Car celui qui mangera le pain ou boira la coupe du Seigneur indignement, mangera et boira un jugement contre lui-même*[387]. En vérité, celui qui mange le pain du Seigneur ou boit de sa coupe, sans s'examiner d'abord intérieurement pour savoir s'il est prêt à donner sa vie pour la vérité de l'Evangile et pour ses frères, mange et boit sa condamnation.

J'ai surtout parlé du pain. Mais il en va de même avec le vin : une multitude de grains de raisin écrasés et rassemblés dans un pressoir deviennent un même vin, au point qu'il n'est plus possible de distinguer un grain de l'autre. L'unité chrétienne était déjà signifiée dans le pain ainsi que dans la célébration de la cène du Christ. Il n'est donc plus nécessaire de répéter la même chose. Et remarquez bien que cela n'a rien de commun avec l'hostie de la messe…

Le repas du Christ
et celui de l'antéchrist

La célébration du repas du Christ s'oppose à celle de l'antéchrist.

Pendant que le Christ mangeait l'agneau pascal avec ses disciples, il *prit du pain et rendit grâces* à son Père céleste[388]. L'antéchrist quant à lui ne rend pas grâces mais bénit le pain.

Le Christ a rompu le pain. L'antéchrist ne rompt pas le pain mais offre une hostie entière. S'il lui arrive néanmoins de la [p.35] rompre, il mange seul les trois parts et ne donne rien à personne.

Le Christ a donné le pain à ses disciples en leur disant : « *Prenez !* » L'antéchrist s'empresse au contraire de défendre à quiconque de saisir l'hostie avec la main. Jésus a dit : « *Mangez !* » L'antéchrist affirme au contraire qu'il s'agit d'une nourriture que l'on ne saurait broyer, même avec les mains.

Le Christ a dit : « *Ceci est mon corps, qui est rompu pour vous.* »[389] Mais l'antéchrist prétend qu'il est rompu tous les jours pendant la messe, et que, tous les

---

[387] 1Co 11,27.29
[388] Mt 26,26
[389] 1Co 11,24

jours, il doit être offert et continuer à souffrir. Contre l'enseignement de Paul qui écrit que, *par une seule offrande, il a amené à la perfection pour toujours ceux qui sont sanctifiés*[390], qu'il n'a plus besoin d'être sacrifié et qu'il *s'est assis à la droite de la majesté divine*[391].

Le Christ a dit : « *Faites ceci en mémoire de moi toutes les fois que vous* le ferez. »[392] Je pose une question : Que signifie « faites » ? S'agit-il de fabriquer de la chair à partir du pain ? S'agit-il de chercher le Christ au ciel pour le dépouiller de sa place auprès du Père ? S'agit-il d'adorer le pain, un objet sans vie ? S'agit-il de rendre le Christ captif dans le pain, de l'enfermer comme dans une petite cage ? Non ! Dans cette phrase, le Christ nous invite à méditer sur ses souffrances et sa mort, à rendre grâces et à louer le Père.

Quand celui qui commet l'abomination veut transformer le pain en un dieu, il utilise ces paroles : « *Ceci est mon corps.* » Si l'on veut suivre à la lettre les paroles prononcées, il devrait s'agir du corps du prêtre et non pas de celui du Christ. Il devrait donc modifier la phrase et dire : « Ceci est le corps du Christ ». On me rétorquera que le prêtre se tient à la place du Christ. Mais où se trouve donc le Christ ? Quelque part au coin du feu ? Non ! Un terrible aveuglement sévit dans le monde entier ! Le Christ a édifié pour lui-même un temple vivant qui est le cœur des croyants. C'est là qu'il veut habiter. Et voilà qu'ils ne lui apprêtent qu'un pain pour demeure !

Je crois au Saint-Esprit

Je crois au Saint-Esprit. C'est par lui qu'est édifiée l'Eglise chrétienne, la communauté des saints où l'on reçoit le pardon des péchés. Je crois aussi à la résurrection de la chair et à la vie éternelle. Que Dieu nous accompagne tous dans cette voie ! Amen.

---

[390] He 10,14
[391] He 1,3 ; 10,12
[392] 1Co 11,25

La puissance du Très-Haut est le Saint-Esprit. Il fait tout en tous. Il renouvelle l'être humain dans le Fils de Dieu. Il le dirige dans la connaissance du Christ et de Dieu. Il lui révèle les trésors des mystères cachés en Dieu et en Christ. Paul l'atteste [p.36] en disant : « *Dieu nous les a révélés par l'Esprit. Car l'Esprit sonde* et connaît *tout, même les profondeurs de Dieu. Lequel des hommes, en effet, connaît les choses de l'homme, si ce n'est l'esprit de l'homme qui est en lui ? De même, personne ne connaît les choses de Dieu, si ce n'est l'Esprit de Dieu. Or nous, nous n'avons pas reçu l'esprit du monde, mais l'Esprit qui vient de Dieu, afin que nous connaissions les choses que Dieu nous a données.* »[393] L'Esprit rassemble et unit l'Eglise, la maison de Dieu, par de telles révélations et par la participation à ses dons. L'Eglise est fondée et édifiée sur le Christ. Elle est purifiée et sanctifiée par son sang.

L'Esprit est le consolateur des cœurs pauvres, misérables, brisés et affligés. En les consolant par son amour et sa grâce, il les fait entrer dans la maison de Dieu où ils reçoivent le pardon de leurs péchés. Ce même Esprit les unit par *le lien de l'amour*[394] en un seul corps. Il fait tout cela ; il est le père des pauvres et des malheureux, la force des faibles, la consolation des affligés, le guide de ceux qui sont perdus afin de les conduire dans la vérité, la lumière de ceux qui errent dans les ténèbres. Il relève ceux qui sont tombés. Il distribue les dons de Dieu dans toute leur diversité. Il donne le repos à ceux qui sont fatigués[395]. Il désaltère et restaure ceux qui sont dans la fournaise des tribulations.

Par sa grâce, tout devient facile à endurer, léger à porter. L'Esprit nous conduit au travers des épreuves vers la victoire, dans le séjour que le Christ nous a acquis et préparé.

Le mariage

[p.37] Voici ce que nous observons et croyons concernant le mariage :

---

[393] 1Co 2,10-12
[394] Col 3,14
[395] Cf. Mt 11,28

Au commencement, Dieu créa les cieux et la terre[396] ainsi que toutes les créatures. Il acheva la création par l'être humain, qu'il fit *homme et femme*[397]. En effet, Adam était seul et *ne trouvait point d'aide*[398] parmi les autres créatures. Alors *Dieu fit tomber un profond sommeil sur* Adam, *qui s'endormit*. Pendant ce sommeil, Dieu *prit une de ses côtes et forma une femme*. Quand Adam s'éveilla, *Dieu l'amena vers lui*. En la voyant, Adam la reconnut et dit : « *Voici celle qui est os de mes os et chair de ma chair ! On l'appellera femme*. » *C'est pourquoi l'homme quittera son père et sa mère, et s'attachera à sa femme, et ils deviendront une seule chair.*[399]

Le Christ confirme cela en disant : « *Ainsi ils ne sont plus deux, mais ils sont une seule chair.* »[400] Ainsi, puisque l'homme et la femme sont devenus une seule chair par leur consentement à vivre ensemble dans l'amour, personne ne peut les séparer. *Que l'homme donc ne sépare pas ce que Dieu a joint*[401].

Celui qui se sépare de sa femme, *sauf pour infidélité, commet un adultère, et celui qui épouse une femme répudiée commet aussi un adultère*.[402] Or nous savons que *les adultères n'hériteront point le royaume de Dieu* et du Christ.[403] *C'est ainsi que les maris doivent aimer leurs femmes comme leurs propres corps. Jamais personne n'a haï sa propre chair ; mais il la nourrit et en prend soin*[404], avec beaucoup d'attention.

Comme l'Eglise de Dieu est épouse du Christ, la femme est l'épouse de son mari. Le Christ prend soin de sa communauté, il la protège et veille sur elle. Un mari doit donc prendre soin de sa femme, la protéger, veiller sur elle, *comme Christ a aimé l'Eglise*, au point de ne pas épargner sa vie mais de la *livrer pour elle*[405], en vue de

---

[396] Gn 1,1
[397] Gn 1,27
[398] Gn 2,20
[399] Gn 2,21-24
[400] Mt 19,6
[401] Mt 19,6
[402] Mt 5,32 ; 19,9
[403] 1Co 6,9-10
[404] Ep 5,28-29
[405] Ep 5,25

son salut. *Les maris doivent aimer leurs femmes comme leurs propres corps*[406] en se chargeant de toutes leurs peines, comme ils le font pour eux-mêmes.

Quant aux femmes, elles doivent *être soumises à leurs maris*, avec respect, *comme au Seigneur.*[407] *Comme Sara, qui obéissait à* son mari *et l'appelait son seigneur. C'est d'elle qu'elles sont devenues les filles*[408], quand elles demeurent dans la foi.

Mais il faut que les hommes usent à l'égard de leurs épouses de beaucoup de douceur et de bienveillance, *comme avec un objet délicat, devant aussi hériter de la grâce* de Dieu[409]. Qu'ils vivent ensemble dans l'amour de Dieu ! Que, dans une pure crainte de Dieu, ils se préoccupent de son œuvre pour l'exécuter, afin de rechercher en tout sa seule gloire. [p.38] Leur Créateur, dès les origines, leur a parlé ainsi : « *Soyez féconds, multipliez, remplissez la terre.* »[410] C'est pourquoi, comme Paul l'enseigne, que chacun rende à l'autre *ce qu'il lui doit. Le mari ne dispose pas de son propre corps, mais c'est sa femme. Et pareillement, la femme ne dispose pas de son propre corps, mais c'est son mari.* [411]

Par contre, j'affirme qu'il faut s'abstenir de toute relation hors du lien du mariage. Nous ne devons pas être *comme un cheval ou un mulet sans intelligence*[412]. Nous sommes en effet sanctifiés par le sang du Christ et morts à tout désir charnel. Comme Paul le dit : « *Que désormais ceux qui ont des femmes soient comme n'en ayant pas.* »[413] *Que celui qui peut comprendre comprenne !*[414]

Je parle ainsi afin que celui qui désire se marier réfléchisse bien à son projet. Qu'il ne se marie pas en vue de la jouissance de la chair ! Il est écrit en effet : « *Que le lit conjugal soit exempt de souillure.* »[415] C'est ce qui arrive hors de l'amour de Dieu et de l'amour des enfants. Le livre de Tobit nous le fait comprendre quand

---

[406] Ep 5,28
[407] Ep 5,22
[408] 1P 3,6
[409] 1P 3,7
[410] Gn 1,28
[411] 1Co 7,3-4
[412] Ps 32,9
[413] 1Co 7,29
[414] Mt 19,12
[415] He 13,4

l'ange de Dieu adresse ces paroles au jeune Tobias[416] : « *Je vais t'apprendre sur qui le diable exerce son pouvoir : sur ceux qui recherchent le mariage pour la jouissance de la chair, plutôt que pour l'amour de Dieu* et celui des enfants. » Ainsi donc, que celui qui se marie le fasse dans la crainte de Dieu ; c'est elle qui nous enseigne la volonté de Dieu.

Oui, le mariage est béni quand il est vécu et observé d'une manière juste et divine, comme il convient à des saints. Par contre, c'est une catastrophe quand il n'est pas vécu d'une manière juste, divine et chrétienne. Ce n'est alors qu'une prostitution devant Dieu.

Que *les femmes soient soumises à leurs maris, comme il convient*[417], que *l'homme soit le chef de la femme*[418], et *que la femme respecte son mari*[419]. Mais le mari n'a pas à être soumis à sa femme car *l'homme n'a pas été créé à cause de la femme, mais la femme a été créée à cause de l'homme*[420]. Et ce n'est pas Adam qui a péché le premier, c'est Eve qui *s'est rendue coupable de transgression*[421] ; c'est par elle que la malédiction est venue.

L'homme n'est donc pas sans la femme, et la femme n'est pas sans l'homme. Et *de même que la femme a été tirée de l'homme, de même l'homme existe par la femme, et tout vient de Dieu*[422]. C'est pourquoi *les femmes doivent être soumises à leurs maris,* et *les maris doivent aimer leurs femmes*[423]. Celui qui hait sa femme se hait lui-même. *Une femme vertueuse est la couronne de son mari*[424] ; elle est un soutien dans ses tourments, explique le Siracide[425], et un ornement pour toute sa maison[426].

---

[416] Cf. Tb 6. Ces paroles n'apparaissent pas dans le livre de Tobit de la *Traduction Œcuménique de la Bible*. Riedemann se réfère à une version plus ascétique, celle de la *Vulgate* latine (Tb 6,16-17). Le livre deutérocanonique de Tobit était fréquemment cité lors des mariages chez les anciens anabaptistes.
[417] Col 3,18
[418] 1Co 11,3 ; Ep 5,23
[419] Ep 5,33
[420] 1Co 11,9
[421] 1Tm 2,14
[422] 1Co 11,12
[423] Ep 5,24-25
[424] Pr 12,4
[425] Cf. Si 26,1-3. 13-18
[426] Cf. Si 26,16

Edifier la maison de Dieu

La maison de Dieu

[p.39] Voici comment la maison de Dieu doit être édifiée, ainsi que sa signification :

Le Christ dit : « *Lequel, s'il veut bâtir une tour* ou une maison, *ne s'assied d'abord pour calculer la dépense et voir s'il a de quoi la terminer.*[427] S'il ne possède pas la somme nécessaire, il abandonne cette construction, *de peur qu'après avoir posé les fondements, il ne puisse l'achever,* ne soit obligé d'y mettre un terme, et ne devienne l'objet des railleries de ceux qui diront : *Cet homme a commencé à bâtir une maison, et il n'a pu l'achever ! »*[428]

Il en est de même en ce qui nous concerne. Si nous commençons à bâtir pour la vie éternelle, nous devons d'abord en estimer le prix. Nous risquons en effet d'avoir à subir bien des outrages, infligés au nom de l'amour de Dieu et du Christ. Serons-nous capables d'endurer et de supporter la persécution et le mépris que notre foi nous coûtera ? Saurons-nous maîtriser la chair, la faire mourir avec ses convoitises, abandonner le monde avec ses plaisirs et ses beautés, résister à la méchanceté du diable, afin de garder le Christ, notre précieux trésor ? Si c'est le cas, nous pouvons commencer, avec assurance et joie, à bâtir sur le fondement des apôtres, dont Christ est la pierre angulaire. Comme Paul le dit : « *Personne ne peut poser un autre fondement que celui qui a été posé, savoir Jésus-Christ.*[429] *Selon la grâce de Dieu qui m'a été donnée, j'ai posé le fondement comme un sage architecte, et un autre bâtit dessus.*[430] *Mais que chacun prenne garde à la manière dont il bâtit dessus, car l'œuvre de chacun recevra sa récompense*[431], en bien ou en mal. » Et Pierre ajoute : « *Approchez-vous de lui, pierre vivante, rejetée par* les bâtisseurs, à savoir par les scribes, *mais choisie et précieuse devant Dieu ; et vous-mêmes, comme des pierres*

---

[427] Lc 14,28
[428] Lc 14,29-30
[429] 1Co 3,11
[430] 1Co 3,10
[431] 1Co 3,10.12.14

vivantes, édifiez-vous pour former un temple vivant pour Dieu[432], de sorte que Dieu demeure et agisse en vous. »

Celui qui projette de construire une belle maison doit soigneusement tailler les pierres. Nous devons quant à nous circoncire et purifier notre cœur du péché et de l'injustice, comme Pierre nous l'enseigne en disant : « *Rejetons donc* [p.40] *toute malice et toute ruse, la dissimulation et toute médisance, et désirons, comme des enfants nouveaux-nés, le lait spirituel et pur*, à savoir la parole vivante de Dieu, *afin que par lui nous croissions.* »[433] C'est ainsi que vous pourrez orner votre maison de pierres précieuses, afin qu'elle soit agréable et belle, digne de plaire au Père pour qu'il y fasse sa demeure.

Cependant, tailler les pierres de cette manière ne peut se faire qu'au prix de nombreuses afflictions et persécutions au nom de la Parole. Comme il est écrit : « *Celui qui a souffert dans la chair en a fini avec le péché.* »[434] Or tout le monde s'exclame : « Eh ! J'ai bien le temps ! Il me faut d'abord ranger ma maison, m'occuper de mes affaires, de ma famille, de mes enfants et de mes amis ! » Le Seigneur y fait allusion par la bouche des prophètes : « *Ce peuple dit : Le temps n'est pas venu, le temps de rebâtir la maison de l'Eternel.*[435] Mais le Seigneur réplique : Comment ? *Est-ce le temps pour vous d'habiter vos demeures lambrissées, quand* ma *maison est* abandonnée ? »[436]

Oui, en vérité, tous vivent maintenant dans la méchanceté. Tous ne cherchent à remplir leurs bourses que pour embellir toujours plus leurs maisons, leurs possessions, leurs domaines. Là réside leur joie et leur plaisir. Mais ils ne se soucient pas du pauvre, ils ne s'inquiètent pas de l'aimer. Ils l'abandonnent pour qu'il soit dévoré par les vers, sans abri, au lieu de l'aider dans sa misère.

C'est pourquoi ainsi parle le Seigneur : « *Ils mangeront sans se rassasier.* »[437] Cela signifie qu'ils ont souvent l'occasion d'entendre la vérité, mais ils ne s'en

---

[432] 1P 2,4-5
[433] 1P 2,1-2
[434] 1P 4,1
[435] Ag 1,2
[436] Ag 1,4
[437] Os 4,10

nourrissent pas. Ils ne la laissent pas agir en eux par des œuvres. Ils ne vivent pas en elle comme des enfants de Dieu. *Ils apprennent toujours et ne peuvent jamais arriver à la connaissance de la vérité*[438], parce que leurs cœurs sont enténébrés.

Ils boivent sans s'enivrer. Entendons-nous bien : sans s'enivrer du vin doux de la connaissance et de la sagesse de Dieu, qui est le Saint-Esprit. Ils ne peuvent le recevoir en raison de leur incrédulité et de leur méchanceté. Ils s'habillent sans avoir chaud. C'est-à-dire qu'ils se vantent de posséder la vérité et la foi, mais cette foi est sans puissance ; elle est morte devant Dieu puisqu'elle n'engendre ni ne répand l'amour. Celui qui a déjà reçu un salaire le garde dans une bourse percée. C'est-à-dire qu'il reçoit de Dieu la connaissance du Christ mais il la néglige et n'y prête aucune attention. Celui qui garde son salaire dans une bourse percée le perd ; il ne possédera plus rien quand il sera dans le besoin. Il en est de même de celui qui reçoit des dons de Dieu et qui ne s'en soucie pas. Il ne les fait pas fructifier[439], [p.41] les néglige, les cache par peur du monde. Le Seigneur les lui reprendra[440] pour les donner à celui qui est fidèle et qui ne ménage pas ses efforts pour bâtir avec soin la maison du Seigneur à l'aide des dons qu'il a reçus.

Or le Seigneur exige que sa maison soit édifiée. C'est pourquoi il donne cet ordre : « *Montez sur la montagne, apportez du bois, et bâtissez ma maison,* celle dans laquelle je veux habiter ! Je veux vous faire grâce et être fidèle envers vous. *Vous comptiez sur beaucoup, et voici, vous avez eu peu ; vous l'avez rentré chez vous, mais j'ai soufflé dessus. Pourquoi ? A cause de ma maison, qui est détruite.* »[441] Cette montagne, c'est le Christ[442]. Comme l'Ecriture l'atteste : « Je regardais, *lorsqu'une pierre se détacha* de la montagne *sans le secours d'aucune main. Et la pierre devint une grande montagne, et remplit toute la terre.* »[443] Et : *la montagne* de Sion *s'élève par-dessus les montagnes et les collines.*[444] Nous devons gravir cette montagne par la

---

[438] 2Tm 3,7
[439] Cf. Lc 19,23
[440] Cf. Mt 13,12 ; 25,29
[441] Ag 1,8-9
[442] Cf. He 12,22.24
[443] Dn 2,34-35
[444] Es 2,2

foi, croire fermement en elle et y chercher le bois[445], c'est-à-dire le don du Saint-Esprit que nous recevons du Christ et par le Christ. Il a promis de le donner à ceux qui l'aiment quand il disait : « *Si je m'en vais, je vous enverrai le consolateur, le Saint-Esprit ; il vous conduira dans toute la vérité, parce qu'il prendra de ce qui est à moi, et qu'il vous l'annoncera.* »[446] Quand il promet qu'il *prendra de ce qui est à lui* pour nous l'annoncer, il montre qu'*en lui habite la plénitude de la divinité*[447] et que d'elle *nous avons tous reçu et grâce pour grâce*[448].

C'est avec ce bois, qui est la grâce du Saint-Esprit, qu'est édifiée la maison du Seigneur dans laquelle il veut habiter et nous faire grâce. Cette maison est l'Eglise, l'assemblée de Dieu, comme Paul nous le fait savoir : « *Vous êtes le temple du Dieu vivant. Si quelqu'un détruit le temple de Dieu, Dieu le détruira ; car le temple de Dieu est saint, et c'est ce que vous êtes.* »[449] Et encore : « Vous êtes *le temple du Dieu vivant, comme Dieu l'a dit : J'habiterai et je marcherai au milieu de vous ; je serai votre Dieu, et vous serez mon peuple. C'est pourquoi, sortez du milieu d'eux, et séparez-vous, dit le Seigneur ; ne touchez pas à ce qui est impur, et je vous accueillerai. Je serai pour vous un Père, et vous serez pour moi des fils et des filles, dit le Seigneur tout-puissant.* »[450]

David évoque aussi cette maison quand il dit : « *Je demande à l'Eternel une chose, que je désire ardemment : je voudrais habiter toute ma vie dans sa maison.* »[451] Il dit encore : « *Je publierai ton nom parmi mes frères,* [p.42] *je te célébrerai au milieu de l'assemblée.* »[452]

En fait, cette maison n'est pas construite par l'homme mais par Dieu. C'est Christ qui en est responsable, lui qui est le *chef de l'Eglise*[453]. Mais Dieu en reste l'architecte, parce qu'il connaît parfaitement toutes choses. Il prévoit déjà la force des vents violents ou des grandes eaux qui chercheront à abattre sa maison. Afin qu'elle

---

[445] Cf. Ap 2,7
[446] Jn 16,7.13-14
[447] Col 2,9
[448] Jn 1,16
[449] 1Co 3,16-17
[450] 2Co 6,16-18
[451] Ps 27,4
[452] Ps 22,23
[453] Ep 1,22

puisse leur résister, il l'a consolidée en lui donnant Christ comme solide fondement. Les puissances de l'enfer *ne prévaudront point contre elle*[454]. En outre, il l'entoure de solides colonnes pour la protéger, afin qu'elle ne s'écroule pas quand surgiront le vent et l'eau des tribulations.

Les sept colonnes

[p.43] Voici quelles sont les sept colonnes de la maison de Dieu[455] :

La première colonne de cette maison est la pure crainte de Dieu. Comme il est écrit : « *La crainte de l'Eternel est le commencement de la sagesse.* »[456] Cette colonne subit les assauts du vent violent et des eaux torrentielles de la crainte de l'homme. Elle nous apprend comment les chrétiens sont traités.

Les rois et leurs princes ne peuvent pas la supporter. Ils t'expulseront donc de ta maison ou de ta ferme, avec ta femme, tes enfants et tous les tiens, et ils t'ôteront la vie. On te dira : « Allez, tu ne vas pas le supporter ! Laisse tomber et tout ira bien ! »

Or nous devons résister dans la crainte de Dieu. Il nous faut craindre Dieu plus que les hommes. Le Christ nous l'apprend en disant : « *Ne craignez pas ceux qui tuent le corps et qui ne peuvent* rien faire d'autre ; *craignez plutôt celui qui peut faire périr l'âme et le corps dans la géhenne.* »[457] Esdras précise : « *On pillera vos moyens de subsistance et on vous chassera de votre propre maison.* [p.44] *Alors se manifestera la probation de mes élus.* »[458] Le Christ nous exhorte à ne pas craindre ces tourments : « *Quiconque aura quitté, à cause de mon nom* et de l'Evangile, *maison,* ferme, *terres, sa femme, ses enfants, son père ou sa mère, ses frères ou ses*

---

[454] Mt 16,18

[455] Les sources bibliques de cette allégorie sont Pr 9,1 – *La sagesse a bâti sa maison, elle a taillé ses sept colonnes* – et Es 11,2 – *L'Esprit de l'Eternel reposera sur lui : Esprit de sagesse et d'intelligence, esprit de conseil et de force, esprit de connaissance et de crainte de l'Eternel.*

[456] Ps 111,10 ; Pr 1,7

[457] Mt 10,28

[458] 4Esd 16,73-74 (TOB, 2010)

sœurs, recevra le centuple dans ce monde, *et héritera la vie éternelle* dans le monde à venir. »[459]

Une autre colonne de cette maison est la sagesse de Dieu, car celui qui craint Dieu apprendra la sagesse[460]. Cette colonne subit les assauts du vent violent et des eaux torrentielles de la sagesse humaine. On nous dit en effet : « C'est une folie de vous livrer volontairement à ces dangers » − *la prédication de la croix est une folie[461]* pour le monde. « Oui, ajoute-t-on, ce ne peut être juste ! Personne ne recherche cela, sinon des gens idiots et pervertis ! » Quand bien même un sage, un savant ou un riche soutiendrait cette position, nous nous y opposerions avec la sagesse de Dieu, le Christ, qui fut méprisé par les hommes. *La sagesse doit être justifiée par tous ses enfants.[462]*

Paul précise que *la sagesse de Dieu* est *une folie devant le monde[463]* ; elle ne saurait être reconnue par la sagesse de ce monde. Mais puisque *la folie de Dieu est plus sage que les hommes[464]* avec toute leur sagesse, c'est par elle que nous devons résister à la sagesse du monde, qui n'est qu'*une folie devant Dieu[465]*.

Voilà pourquoi parmi les sages de ce monde, ceux qui sont élus s'avèrent si peu nombreux. Il est écrit en effet : « *Où est le sage ? où est le scribe ? où est le disputeur de ce siècle ? Dieu n'a-t-il pas convaincu de folie la sagesse de ce monde ? »[466]* Et : « *L'Eternel connaît les pensées des sages, il sait qu'elles sont vaines. »[467]* Et encore : « Le Seigneur *prend les sages dans leur propre ruse. »[468]* C'est la raison pour laquelle le Christ déclare : « *Je te loue, Père, Seigneur du ciel et de la terre, de ce que tu as caché* ta sagesse *aux sages* de ce *monde et aux*

---

[459] Mt 19,29
[460] Cf. Ps 111,10
[461] 1Co 1,18
[462] Lc 7,35
[463] 1Co 3,19 ; cf. 1,21-25
[464] 1Co 1,25
[465] 1Co 3,19
[466] 1Co 1,20
[467] Ps 94,11
[468] Jb 5,13

intelligents, et de ce que tu l'as révélée aux enfants. Oui, Père, tu l'as voulu ainsi. »[469]

L'intelligence selon Dieu est la troisième colonne de cette maison. Elle subit les assauts du vent violent de l'intelligence humaine qui cherche à tout sonder et qui veut tout connaître avec une curiosité intarissable. On nous dit : « Allez, mon cher, cette personne est intelligente ! Elle n'a pas d'égal. Elle est tellement instruite dans l'Ecriture qu'elle ne peut dire que de bonnes choses ! Elle la comprend vraiment très bien ! » Or nous devons lui résister avec l'intelligence qui vient de Dieu, et ne pas obéir à celui qui émet des opinions à partir de ses choix personnels, et non pas d'après le Christ.

Dieu dit en effet : « *Je détruirai la sagesse* [p.45] *des sages, et j'anéantirai l'intelligence des intelligents.* »[470] L'intelligence des hommes est vaine et inutile. Il nous suffit de tendre à ce qui vient d'en haut. Car *tout don parfait descend d'en haut, du Père des lumières, chez lequel il n'y a ni changement ni ombre de variation*[471]. C'est pourquoi le Christ dit : « Vous serez *tous enseignés de Dieu. Ainsi quiconque a entendu le Père et a reçu son enseignement vient à moi.* »[472] Comme le dit Paul, *que personne ne mette sa gloire dans des hommes*[473]. En ce qui concerne la raison, nous devons donc tout attendre de Dieu, de l'intelligence qui vient de Dieu. L'Esprit de Dieu s'interprète par lui-même, et l'Ecriture explique l'Ecriture. Nous éviterons ainsi tout risque de chute ou d'erreur.

Le conseil de Dieu est la quatrième colonne de cette maison. Elle subit les assauts de ce vent violent qu'est le conseil humain. Par exemple, il arrive que l'on s'approche de nous pour nous dire : « Allez, mon cher, franchement, tu n'es pas idiot ! Tu peux encore faire quelque chose de ta vie, devenir quelqu'un de bien et élever des enfants. Cela ne t'empêchera pas de servir Dieu ! Tu te rends coupable

---

[469] Mt 11,25-26
[470] 1Co 1,19
[471] Jc 1,17
[472] Jn 6,45 ; cf. Es 54,13
[473] 1Co 3,21

envers toi-même ; c'est comme si tu te donnais la mort. Arrête, mon cher ! Ne penses-tu pas que nous voulons nous aussi être sauvés ? Et même si nous n'agissons pas parfaitement, Dieu est miséricordieux ! Le Christ en a assez fait pour notre péché ! A quoi bon ? Il me suffit de croire, et tout est pardonné ! Garde tes idées pour toi. As-tu besoin de proclamer à tous ce que tu crois ? »

Nous devons résister à de telles suggestions avec le conseil du Christ qui dit : « *Que servirait-il à un homme de gagner tout le monde, s'il perdait son âme ? ou, que donnerait un homme* pour sauver *son âme ? »*[474] Il ajoute : « *Vous serez haïs de tous. »*[475] Et : « *Celui qui conservera sa vie la perdra, et celui qui perdra sa vie à cause de moi la retrouvera. »*[476] Et : « *Nul ne vient au Père que par moi. »*[477] Et aussi : « Vous êtes *devenus participants de Christ pourvu que vous* restiez *fermement* attachés dès le *commencement* à sa nature. »[478] Et : « *Je suis Dieu, qui punis l'iniquité des pères sur les enfants jusqu'à la troisième et à la quatrième génération de ceux qui me haïssent, et qui fais miséricorde jusqu'en mille générations à ceux qui m'aiment. »*[479] Et : « *Nous sommes* devenus *cohéritiers de Christ, si toutefois nous souffrons avec lui, afin d'être glorifiés avec lui. »*[480] Et enfin [p.46] : « *C'est en croyant du cœur qu'on parvient à la justice, et c'est en confessant de la bouche qu'on parvient au salut. »*[481]

La cinquième colonne de cette maison est la force de Dieu. Elle subit les assauts du vent violent de la force et de la puissance humaines. Ces dernières s'approchent en disant : « Mais comment peux-tu continuer dans cette voie ? Tous s'y opposent. Imagines-tu lutter contre le monde entier ? Le roi, les princes et les nobles et tous les pouvoirs te recherchent pour te mettre à mort ! »

---

[474] Mt 16,26
[475] Mt 10,22
[476] Mt 10,39
[477] Jn 14,6
[478] Cf. He 3,14
[479] Ex 20,5-6
[480] Rm 8,17
[481] Rm 10,10

Nous devons résister à cette pression avec la force et la puissance de Dieu. Le Christ dit en effet : « *Mon Père est plus* fort *que tous ; et personne ne ravira* l'une de mes brebis *de sa main.* »[482] Et : « Réjouissez-vous, *j'ai vaincu le monde.* »[483] Et : « *Celui qui est en vous est plus grand que celui qui est dans le monde.* »[484] Et encore : « *Même les cheveux de votre tête sont tous comptés. Ne craignez donc point.* »[485] David dit aussi : « *Mieux vaut chercher un refuge en l'Eternel que de se confier à l'homme ; mieux vaut chercher un refuge en l'Eternel que de se confier aux grands.* »[486] Ainsi, ne place pas ta confiance dans les princes et les enfants des hommes car ils ne pourront pas t'aider. Et encore : « Dieu *frappe à la joue tous mes ennemis, il brise les dents des méchants.* »[487] *Si Dieu est pour nous, qui nous séparera de lui ?*[488] Personne ! Car *auprès du Seigneur est le salut.*[489]

La sixième colonne de cette maison est la connaissance de Dieu. Cette colonne subit les assauts du vent violent de la connaissance humaine, qui fait croire qu'elle sait beaucoup de choses et qu'elle est capable de tout. Pourtant, Paul s'exprime ainsi au sujet de cette connaissance : « *Si quelqu'un croit savoir quelque chose, il n'a pas encore connu comme il faut connaître.* »[490] Et encore : « *La connaissance enfle, mais la charité édifie.* »[491]

On s'approche de nous pour nous dire : « Mon cher, comment peux-tu trouver normal que des cordonniers et des tailleurs prétendent posséder une connaissance que d'autres, par les arts libéraux, ont étudié toute leur vie pour en être instruits ? » Paul répond à cet argument : « *Se vantant d'être sages, ils sont devenus fous !* »[492] En effet, la parole et la connaissance de Dieu ne s'apprennent pas dans les universités.

---

[482] Jn 10,29
[483] Jn 16,33
[484] 1Jn 4,4
[485] Mt 10,30-31
[486] Ps 118,8-9
[487] Ps 3,8
[488] Rm 8,31.35
[489] Ps 130,7 ; cf. Ac 4,12
[490] 1Co 8,2
[491] 1Co 8,1
[492] Rm 1,22

Le Christ dit : « *Quiconque a entendu le Père et a reçu son enseignement vient à moi.* »[493]

Nous devons donc mépriser cette science et nous efforcer d'acquérir la vraie connaissance que nous recevons du Père quand il nous éduque, quand nous nous mettons, avec David, à l'école de sa loi. Comme Dieu le dit par les prophètes : « *A qui veut-on enseigner* à me connaître ? *Est-ce à des enfants qui viennent d'être sevrés ?* »[494] Avec cette [p.47] connaissance, nous combattrons ce qui est dans le monde. Nous pourrons attendre l'époux, le Christ, et nous tenir prêts quand il viendra.

Il nous faut donc laisser de côté la connaissance mondaine, afin d'acquérir la vraie connaissance de Dieu. Comme Paul le dit : « *Si quelqu'un parmi vous pense être sage, qu'il devienne fou, afin de devenir sage.* »[495]

La bienveillance, ou l'amitié de Dieu, représente la septième colonne de cette maison. Celui qui est vainqueur en toutes ces choses sera *appelé ami de Dieu*[496]. Cette colonne subit les assauts du vent violent et des eaux torrentielles de l'amitié et de la bienveillance du monde, de l'amour des biens matériels, du luxe de l'existence, etc. Celui qui aspire à cela, et qui recherche les signes extérieurs de richesse, est aimé du monde. Comme le Christ le dit : « *Le monde aime ce qui est à lui.* »[497]

Nous devons résister à cette tentation et nous garder de l'amitié du monde avec la bienveillance et l'amour de Dieu. Il est écrit en effet : « Celui qui veut être ami de Dieu deviendra ennemi du monde. Car *l'amour du monde est inimitié contre Dieu.* »[498] Et inversement : « l'amitié de Dieu est inimitié contre le monde. » C'est pourquoi le Christ dit : « *Si vous étiez du monde, le monde* vous *aimerait, mais parce que vous n'êtes pas du monde, le monde vous hait.* »[499] Il dit aussi : « *L'heure vient*

---

[493] Jn 6,45
[494] Es 28,9
[495] 1Co 3,18
[496] Jc 2,23
[497] Jn 15,19
[498] Jc 4,4
[499] Jn 15,19

où quiconque vous fera mourir croira rendre un culte à Dieu. »[500] Et encore : « *Vous serez haïs de tous, à cause de mon nom »*[501], mais rendus capables d'être vainqueurs en toutes choses par la bienveillance et l'amour de Dieu. En effet, si nous l'aimons du fond du cœur, tout ce qui nous sera imposé à cause de son nom deviendra facile à supporter. Voilà pourquoi le Christ dit : « *Heureux serez-vous, lorsqu'on vous persécutera, parce que* votre délivrance sera proche. »[502]

En conséquence, les œuvres et la peine de celui qui sera vainqueur en ces choses subsisteront ; elles ne se consumeront pas, quand bien même elles seraient éprouvées *au travers du feu*[503]. Le Christ *entrera chez lui, il soupera avec lui et le fera asseoir sur son trône, comme le Christ a vaincu et s'est assis avec son Père sur son trône.*[504] Que la puissance de Dieu nous vienne en aide pour obtenir une telle victoire ! Amen.

Pour vous, enfants de Lot, sortez de Sodome[505] afin de ne pas subir ses malheurs !

Ecrit en prison, à Gmunden, dans le pays de l'Enns.[506]

---

[500] Jn 16,2
[501] Mt 10,22
[502] Mt 5,11-12 ; cf. Lc 6,22
[503] 1Co 3,15
[504] Ap 3,20-21
[505] Cf. Gn 19,12-24
[506] Certains manuscrits ajoutent : *Par Peter Riedemann, en l'an 1530.*

Table des matières

PRESENTATION ET CONFESSION DE LA FOI,

yes
i want morebooks!

Buy your books fast and straightforward online - at one of world's fastest growing online book stores! Environmentally sound due to Print-on-Demand technologies.

Buy your books online at

www.get-morebooks.com

Achetez vos livres en ligne, vite et bien, sur l'une des librairies en ligne les plus performantes au monde!
En protégeant nos ressources et notre environnement grâce à l'impression à la demande.

La librairie en ligne pour acheter plus vite

www.morebooks.fr

VDM Verlagsservicegesellschaft mbH
Heinrich-Böcking-Str. 6-8   Telefon: +49 681 3720 174   info@vdm-vsg.de
D - 66121 Saarbrücken   Telefax: +49 681 3720 1749   www.vdm-vsg.de

Printed by Books on Demand GmbH, Norderstedt / Germany